QUELQUES MOTS

POUR SERVIR

A L'HISTOIRE DU POSITIVISME

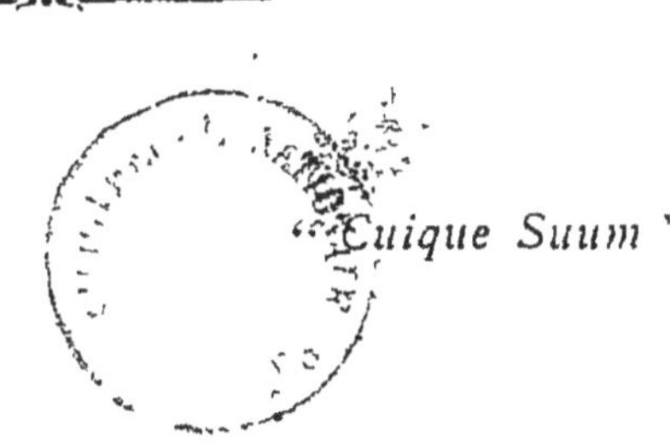

"Cuique Suum"

Par le Docteur AUDIFFRENT

MARSEILLE

IMPRIMERIE DU JOURNAL DE MARSEILLE

6, Rue Sainte, 6

—

1895

www.ingramcontent.com/pod-product-compliance
Lightning Source LLC
Chambersburg PA
CBHW061307060726
47596CB00002B/792

QUELQUES MOTS

POUR SERVIR

A L'HISTOIRE DU POSITIVISME

" Cuique Suum "

Par le Docteur AUDIFFRENT

QUELQUES MOTS

pour servir à l'histoire du Positivisme

" Cuique Suum "

Un Monsieur Mendès, qui s'est constitué l'exécuteur des hautes et basses œuvres de son chef de file, M. Lémos, se disant apôtre de l'Humanité au Brésil, vient de m'honorer d'un assez long *factum*. A ces sortes de choses, on ne répond pas quand on est dans la vie publique. On les laisse à l'appréciation de tous. Elles font ordinairement plus de mal à celui qui les écrit qu'à celui qu'on cherche à salir. Le *factum* de M. Mendès a déjà été jugé : C'est l'œuvre, a-t-on dit, d'un ergoteur doublé d'un.... (tout ce qu'on voudra), qui trouvera dans Auguste Comte, un chapitre des chapeaux. On relève cependant, dans ledit *factum* certains passages, qui peuvent constituer pour la propagande positiviste un fâcheux précédent. Il est bon, je crois, de leur consacrer quelques mots. On n'a jamais, parmi nous, repoussé le concours de l'étranger ; mais, a-t-il toujours compris, peut-on se demander, ce qu'il nous devait de respect et d'obligation ? On est en train, en ce moment, à Rio, de faire un piédestal à un malheureux exalté qui vint mourir à Paris, il y a quelques années, à la suite d'une tentative, dont on pouvait d'avance prévoir l'issue. C'est comme une victime de son dévouement et de la malveillance qu'il trouva autour de lui, qu'on nous le présente. C'est une légende qu'on cherche ainsi à construire La légende peut être parfois plus utile que la réalité ; mais elle peut avoir un mauvais côté, c'est de trop découvrir celui qui en est l'objet. Si M. Lagarrigue fut, comme on le dit, victime de quelque chose, ce fut de son insociable vanité et de sa constitution trop mauvaise pour lui permettre de résister aux ennuis auxquels il se condamnait, en entreprenant ce qui était au-dessus de ses forces. M. Lémos a tenu à avoir, à Paris, un délégué pour l'éclairer sur ce qui s'y passait et aussi pour l'aider dans la réalisation de ses projets ambitieux. Indépendamment des regrets que laissent après eux, ceux qu'on a pu aimer à un titre quelconque, il y a aussi pour quelques-uns, les déceptions qui découlent des espérances déçues, La disparition de l'apôtre chilien ne permet plus à M. Lémos de parler *urbi* et *orbi*. M. Mendès, en des termes fort émus, nous montre, dans son *factum*, le désespoir de son ami, ainsi obligé, pour le moment du moins, à renoncer à la présidence de nos destinées.

C'est en montrant les faits qu'on détruit une légende. C'est ce qu'il nous sera facile de faire. Nous produisons en conséquence ici :

1° Une lettre assez longue, une sorte de mémoire que j'adressais à mon jeune ami, M. A. Xavier, peu de temps après son retour au Brésil ;

2° Une note relative à une lettre de M. Sémérie, communiquée par M. Congrève ;

3° Une lettre à M. Lémos, dont l'envoi fut ajourné jusqu'à la réception du *factum* de M. Mendès, dont il me menaçait dans une circulaire ;

4° Enfin, une notice sur M. Lagarrigue.

Toutes ces pièces ont été écrites avant l'arrivée du *factum* de M. Mendès. Il n'y a rien été changé, ni rien ajouté. A leur production ici se borneront désormais mes relations avec les apôtres de l'Humanité au Brésil, Une question d'hygiène publique ou privée ne me permet pas de gaspiller les forces que me laisse l'âge, en des luttes stériles. Ceux qui auront quelque temps à perdre en me lisant, pourront se convaincre des dangers auxquels peuvent être exposées certaines personnalités qui se mettent en avant, quand une haute moralité ne les préserve pas de certains levains de vanité. Comme l'avait déjà constaté le Maître lui-même, c'est ce qui résulte de la supériorité que donne à l'égard de ses adversaires, une doctrine, à ce point de vue, dangereuse à manier. Nous en avons, en France, la confirmation dans les déviations auxquelles s'est trouvée entraînée une grande nature spéculative.

1° **Lettre à M. Xavier**

Mon cher Monsieur Xavier,

Je commence cette lettre, sans prévoir quand je la finirai. Elle sera longue, car j'ai à revenir sur tout un passé où je ne trouve guère que de tristes souvenirs à rappeler. Si le Positivisme est une religion d'amour, ce qui se passe parmi ses propagateurs ne semble pas l'indiquer. Ainsi que le reconnaissait déjà le Maître lui-même, la supériorité que donne une pareille doctrine à ses adhérents sur un public qui ne sait encore où se prendre, est malheureusement bien faite pour exalter leur orgueil ou leur vanité. Il est triste d'avoir à constater que malgré les avertissements du Maître, bien peu ont su s'en préserver. L'absence d'une véritable supériorité parmi nous devait, en effet, faire naître et encourager bien des ambitions. Une semblable disposition persistera, c'est du moins à craindre, jusqu'à ce qu'un véritable chef ait surgi, et que le contrôle féminin ait pu rappeler chacun aux sentiments fraternels qui doivent toujours présider à la constitution d'une véritable église. Il se passera peut-être beaucoup de temps avant que nous en arrivions là. En attendant que ceux qui se sentent quelque chose dans le cœur se résignent, et qu'ils ne perdent pas leur temps à vouloir contenir des rivalités que rien ne saurait justifier. Si ceux de vos compatriotes qui croient pouvoir mieux faire que leurs prédécesseurs pouvaient voir avec calme et impartialité, ce qui nous réduit, encore, à marquer le pas, quand tout autour de nous semble réclamer notre intervention, peut-être verraient-ils que ce n'est ni à l'insuffisance des efforts, ni même à la regrettable déviation mentale à laquelle nous avons été entraînés, qu'il faut attribuer les retards d'une doctrine que connaissent aujour-d'hui tous ceux qui tiennent une plume. Je l'ai dit depuis longtemps, et ne cesserai de le répéter, sans vouloir absou-dre de faux frères, c'est surtout hors de nous qu'il faut chercher les obstacles qui ont jusqu'à ce jour paralysé nos meilleures intentions. Auguste Comte ne s'y méprenait pas et dans ses derniers jours, c'est à s'en affranchir que se tournaient toutes ses sollicitudes. Sans méconnaître ce qui a été fait parmi vous, vos succès même constituent la meilleure preuve de ce que j'avance ici. Vous ne possédez, comme nous, à proprement parler, ni science officielle, ni enseignement d'état, ainsi que vous me l'avez si judicieuse-ment montré. Tout ce qui résulte d'un tel état de choses, parmi nous, est contenu chez vous par l'esprit d'indépen-dance qui règne dans votre jeunesse, peu disposée à subir le joug de gens qui n'ont d'autre autorité que celle qu'ils cher-chent au dehors. Il n'en est pas de même parmi nous où tout un grand pays est, depuis bientôt un siècle, soumis à un régime mental oppressif, qui subordonne à l'obtention d'un diplôme, l'ouverture de toutes les carrières, où pour arriver à vivre, il faut s'embrigader dans une corporation qu'on nous a habitués à considérer comme indispensable au maintien et au relèvement du niveau intellectuel. Qu'on n'oublie pas qu'au début de sa carrière Auguste Comte eut pour auditeurs de ses premiers cours, les hommes les plus remarquables de son temps. Le grand souffle du dix-huitième siècle réchauffait encore la famille scientifique. Deux générations après, lorsque de funestes institutions eurent étouffé de généreuses aspirations, c'est du milieu scientifique même que lui vinrent ses principaux adver-saires. Plusieurs années après la publication de la « Philo-sophie Positive » dont la haute portée n'avait échappé à aucun penseur, un physicien, président de l'Académie des Sciences, osait dire qu'il ne connaissait au grand philosophe aucun titre scientifique, grand ou petit. Je me crois donc pleinement autorisé à dire après ces diverses considérations que ceux qui se refusent à reconnaître les véritables causes de nos retards n'ont pas suffisamment réfléchi sur ce qui se passe chez nous. J'ai le regret de dire qu'ils auraient été plus justes envers ceux qui ont soutenu avec fidélité les grandes traditions du Maître, s'ils n'avaient cédé à l'orgueil national. Si l'on peut, jusqu'à un certain point, comprendre ce sentiment, il ne compromet pas moins l'esprit de solidarité qui devrait exister entre les propagateurs d'une même foi. Sous l'empire d'un tel sentiment, on espère constituer, m'a-t-on dit, loin de nous, un type d'action et de propagande qu'on voudrait offrir à la France pour lui faire honte de son inaction. Leur délégué à Paris a-t-il mieux fait que nous ? On ne peut contester qu'il n'ait développé une grande activité, qu'il n'ait cherché toutes les occasions de se faire connaître. Mais, imbu des idées de ses compatriotes, il est arrivé parmi nous, convaincu, et disant, hautement, qu'on n'avait jusqu'à lui rien fait, que tout était à faire. Quelques années après, n'était-il pas cependant réduit à dire, pour expliquer ses insuccès, que la France est un pays hostile à l'étranger ? Un semblable reproche est-il cependant applicable au pays le plus hospitalier du monde, toujours si disposé à accueillir tout ce qui lui vient du dehors, au point d'être parfois injuste envers ses propres concitoyens ? N'en déplaise à ceux qui nous jugent d'au-delà des mers, le Positivisme réclamé de plus en plus par une situation qui s'aggrave chaque jour davantage n'est arrêté dans sa propagande que par les obstacles qui nous viennent du monde académique et universitaire. C'est à briser ces obstacles, ai-je toujours dit, que devraient tendre tous les efforts. Est-on juste envers nous, lorsqu'on veut nous laisser responsables de nos insuccès ? C'est un reproche que je ne puis accepter. J'ai à défendre, ici, contre d'injustes préventions ceux qui ont consacré leur temps, leur considération même, à une lutte inégale, entravés souvent dans leur action par ceux qui du dehors croyaient mieux comprendre que nous ce qui peut convenir à un pays auquel ils sont étrangers par leurs mœurs et par leurs habitudes.

Je me vois ainsi conduit, mon cher Monsieur Xavier, à vous parler de la tentative infructueuse qui a été faite, il y a quelques années, non seulement pour protester contre une regrettable déviation, mais principalement pour éclairer l'opinion sur les dangers d'un état de choses que tous les gens bien pensants ne sauraient méconnaître. Revenons pour cela en arrière et remontons jusqu'à la fondation de la société positiviste.

Ce n'est pas aux positivistes qu'Auguste Comte fit appel quand il fonda sa société; il n'y en avait point, mais à tous ceux qui avaient quelque sympathie pour la nouvelle doctrine, qui étaient assez émancipés de toute croyance théologique, suffisamment affranchis de toutes illusions métaphysiques, qui, en un mot, adhéraient à sa loi des trois états. Que se proposait-il ? (nous étions en 1848, après les événements de février) éclairer l'opinion et le Gouvernement qui venait de surgir sur les véritables exigences de la nouvelle situation républicaine. C'est dans ce but que sous son inspiration furent publiés par la Société positiviste divers opuscules qu'on a, depuis, perdus de vue. L'un de ces opuscules, le plus remarquable de tous, fixait la forme républicaine et montrait combien il était nécessaire de faire sentir la prépondérance séculaire de la ville de Paris sur le reste de la France. C'était une invitation directe à s'affranchir d'un parlementarisme dissolvant dont trente ans de durée avaient déjà montré et les dangers et l'impuissance. C'était la dictature républicaine qui était ainsi recommandée et que la France eut alors acceptée, avec acclamation, si le Gouvernement, qui s'était élevé sur les ruines de la monarchie bourgeoise de juillet, avait pu s'inspirer des conseils qui lui étaient donnés.

Les autres opuscules, qui émanèrent encore directement

ou indirectement de la naissante société, visaient à l'institution de la liberté spirituelle dont ils indiquaient les véritables conditions.

Les tristes journées de juin 1848 ne tardèrent pas à montrer combien étaient opportuns les conseils du grand philosophe. Après l'avénement de la dictature impériale, que prépara la défaite de la population parisienne, la Société positiviste dut limiter son action politique aux conseils de son fondateur, à celui qui venait de chasser une assemblée discréditée. C'est sous ce nouveau régime que s'acheva une grande élaboration religieuse.

Franchissons quelques années. Que se passa-t-il à la mort du Maître? Cet événement imprévu jeta toute la famille positiviste dans le plus grand désarroi : un testament peu connu et fort mal interprété par ceux qui furent chargés de le faire exécuter, indiquait cependant ce qu'ils avaient à faire en cas de disparition prématurée du Maître.

La société des exécuteurs testamentaires, composée de treize membres, sous la présidence de M. Laffite, avait d'abord à pourvoir à certaines dispositions d'un ordre tout matériel. La Société positiviste, dont la présidence avait été confiée à un prolétaire, M. Magnin, ne changeait pas de destination. La succession religieuse du grand novateur était, à dessein, laissée vacante ; c'était aux efforts spontanés de ses libres disciples qu'il laissait le soin de faire surgir un successeur. Plusieurs disciples théoriques avaient été désignés dans le testament. C'était à eux qu'auraient été confiées certaines missions, si le Maître eût vécu. C'est ce qui me fut confié par lui dans le cours des dernières semaines que je passai à Paris. Il se proposait de les initier ainsi à la pratique du sacerdoce ; l'un d'eux avait été chargé déjà d'une mission importante à Rome.

Bien que le testament exclût le président des exécuteurs testamentaires de la succession religieuse du maître, par une inconséquence à laquelle tous participèrent, c'est autour de lui qu'on se rallia cependant. Sa conduite durant la maladie du Maître et pendant les semaines qui suivirent sa mort avaient pu montrer déjà son manque de zèle. Il est vrai que ce ne fut qu'un *interim* qu'on lui confia.

En laissant la présidence de la Société positiviste à un prolétaire, le noble testateur voulait, comme il l'a dit formellement, la préserver de l'invasion de quelque lettré ou d'un discoureur quelconque.

La conduite de M. Laffitte, si hésitante après la mort du Maître, sa nature plus spéculative que religieuse, qu'une correspondance suivie avec lui m'avait révélée, ne pouvait laisser dans mon esprit aucun doute sur ses aptitudes. Une sentence mémorable prononcée par le Maître sur son lit de mort concernant son plus ancien disciple, s'ajoutant à mes propres observations, me décida à faire adjoindre au directeur du positivisme (c'est le titre que prit M. Laffitte) un conseil consultatif constitué par les disciples théoriques désignés dans le testament. Ce conseil, dont l'office devait rester toujours consultatif, était destiné, dans ma pensée, à ramener M. Laffitte aux traditions du Maître, s'il cherchait à s'en écarter.

Tel qu'il était, le testament, bien observé suffisait donc par ses dispositions principales, pour préserver la famille positiviste d'une dispersion et assurer la propagande du positivisme.

En effet, la Société des exécuteurs testamentaires, sous la direction de son président, pouvait, par ses appels, pourvoir aux nécessités matérielles ; la Société positiviste, conservant son ancien rôle, devait servir de lieu de réunion et éclairer par ses conseils l'opinion publique et ceux aux mains desquels échéait le pouvoir.

La conduite du mouvement religieux, proprement dit, était laissée à l'initiative de tous, jusqu'à ce qu'un successeur eût surgi.

La situation politique, il faut en convenir, resta pendant

toute la durée de l'Empire, peu favorable à l'action de la Société positiviste, et son président ne se montra d'ailleurs jamais à la hauteur du rôle qui lui avait été confié. Elle dégénéra en réunions fraternelles et M. Laffitte en devint l'âme. Ce qu'avait voulu empêcher le Maître, en désignant un prolétaire pour la présider se réalisa donc. La nature toute spéculative de M. Laffitte ne tarda pas à se manifester à tous. C'est par les cours qu'il entreprit et qu'il fit faire autour de lui, qu'il crut devoir procéder à la propagande du Positivisme. Ces cours n'eurent jamais qu'une allure spéculative et le Positivisme perdit ainsi, peu à peu, tout caractère religieux. Mes justes observations à l'un des membres du Conseil consultatif résidant à Paris, pour protester contre ce que, à bon droit, je considérais comme une déviation mentale, furent assez mal interprétées pour m'empêcher d'y jamais revenir. Plus tard, j'essayai directement de donner à la conduite de M. Laffitte une direction plus conforme au caractère religieux que perdait le Positivisme dans ses divers cours. Je l'engageai à consacrer chaque dimanche, à la commémoration d'un des grands types du calendrier concret. C'est ce que se proposait de faire Auguste Comte si le Panthéon lui était donné. M. Laffitte entreprit des conférences, mais elles dégénérèrent bientôt et n'eurent plus qu'un intérêt académique.

Lorsque l'Assemblée législative permit d'instituer des universités libres, M. Laffitte eut l'idée, assurément fort étrange, chez un positiviste, de créer une université positiviste, dont il arrêta le plan et où il voulut faire entrer tous ceux des positivistes qu'il croyait pouvoir charger d'un cours quelconque.

La situation française et surtout parisienne, après la guerre et principalement à l'occasion des luttes qui s'engageaient entre les partis, était de nature à rappeler la Société positiviste à son ancienne destination. Son président, ai-je dit, s'était éclipsé. Cependant, plus que jamais, les conseils du positivisme étaient réclamés. C'est ce qui, contrairement aux avis du Maître, poussa les plus actifs d'entre ses disciples à fonder une revue. M. Laffitte s'y opposa d'abord et l'on passa outre ; quand, plus tard, on le voit fonder une nouvelle revue, sous le même titre que l'ancienne, n'est-on pas autorisé à penser que son opposition en cette occasion fut uniquement déterminée par la crainte de voir son influence déjà amoindrie diminuer encore davantage.

La situation française qui s'aggravait de plus en plus, demandait impérieusement à être éclairée, c'est ce qui peut excuser, jusqu'à un certain point, ceux qui prirent l'initiative de la fondation d'une revue. Elle était, par le fait, destinée à suppléer la Société positiviste privée depuis longtemps de son véritable caractère. Cette revue n'eut qu'une durée éphémère. La réaction qui s'opéra dans la conduite de nos affaires gouvernementales, obligea de la suspendre. Elle nous enlevait, en effet, toute liberté d'action.

Lorsqu'à la suite d'un nouveau mouvement parlementaire, la tentative monarchique du 16 mai fut déjouée et que la forme républicaine fut définitivement fixée, l'activité des premiers promoteurs de la revue s'éveilla plus que jamais et l'insuffisance de M. Laffitte, reconnue par tous, ne tarda pas à pousser à une véritable rébellion contre son autorité. M. Congrève, en Angleterre, et M. Sémérie, à Paris, en furent les principaux agents. Ils étaient, cependant, placés à des points de vue tout différents : l'un au point de vue cultuel, l'autre au point de vue politique. Ce dernier point de vue était, d'ailleurs, celui du plus grand nombre des positivistes français. Quelque légitime que fût cette protestation, il faut le reconnaître, elle fut si mal conduite que M. Laffitte n'eut aucune peine pour rallier tous ceux qui dans le début de la crise s'étaient montrés les plus hostiles. Il avait été question d'amener M. Congrève à Paris et de lui confier la présidence de la Société positiviste. C'était, d'une part, se méprendre sur le caractère qu'il eut fallu conserver à cette société, et, d'autre part, ne pas comprendre que les pratiques cultuelles, instituées par M. Congrève, à Londres, ne pouvaient, en aucune façon, convenir au milieu parisien. Tout cela s'est accompli, je dois le déclarer, sans que j'en aie eu connaissance. Je n'en ai été informé qu'un des derniers. Se méfiait-on de ma vieille amitié pour M. Laffitte ? Je me ralliai, néanmoins, à la protestation générale en faisant, toutefois, mes réserves. Je déclarai à M. Sémérie que M. Congrève, en venant à Paris, ne pouvait présider une société dont la destination et le caractère tout politique devait l'en éloigner, qu'il nous serait plus utile en y présidant un salon. J'insistai pour qu'on se dégageât simplement à l'égard de M. Laffitte de toute dépendance religieuse. J'écrivis dans ce sens à M. Laffitte. D'accord avec M. Robinet, M. Sémérie ne crut pas devoir lui communiquer ma lettre. Les choses en restèrent là jusqu'à ce que M. Laffitte par ses attaques contre M. Sémérie nous força de sortir de toute réserve. Une lutte bien vive s'engagea alors, de gros mots furent échangés et la scission devint définitive. M. Laffitte ne demanda à ceux qui, quelques semaines avant, l'avaient déclaré insuffisant, que de vouloir bien le prendre à l'essai pendant deux ou trois ans encore. Le Positivisme eut ainsi un chef à l'essai. L'exposé que nous venons de faire de tout ce qui s'est passé depuis la mort du fondateur, jusqu'au moment de la scission, exposé que j'aurais pu développer davantage, était nécessaire non seulement pour rétablir des faits qu'on a cherché à dénaturer, mais aussi pour montrer ce que se proposèrent plus tard ceux qui voulaient, sous une autre direction constituer un nouveau centre d'action. C'est ce que j'ai maintenant à exposer.

Un douloureux événement de famille, survenu peu de temps après la scission, me laissant libre de mes mouvements, je pouvais, désormais, consacrer toute mon activité à la propagande du Positivisme. Depuis la mort du Maître, la plus grande partie de mon temps fut consacrée d'abord à terminer mes études médicales, puis à méditer et écrire un travail qui m'avait été assigné, en quelque sorte, par le Maître lui-même. C'est pour diriger mes études médicales qu'il eut la bonté de rédiger pour moi sa théorie de la maladie qui devait constituer le chapitre moyen de sa morale théorique. Sous son impulsion et d'après sa recommandation, je me livrai à des méditations soutenues qui me permirent de combler certaines lacunes de sa théorie cérébrale et de ses divers aperçus sur l'innervation. Je ne sais jusqu'à quel point j'y suis arrivé. La théorie du cerveau, qui, au fond, n'était qu'une introduction à l'étude de l'homme, réclamait une sorte de confirmation qu'elle trouvait dans la pathologie cérébrale. C'est à ce travail, ai-je dit, que fut consacrée, pendant plusieurs années, toute mon activité, ainsi distraite provisoirement de la plupart des luttes qui commençaient à agiter la famille positiviste.

La terminaison de ces divers travaux et le triste événement qui me laissait libre de mes mouvements, me permettaient donc de me consacrer plus activement que je ne l'avais fait jusqu'alors à la propagande directe du Positivisme. C'est dans ces nouvelles conditions d'existence, tant matérielles que mentales, que je reçus à Marseille la visite de M. Congrève. Que venait-il me proposer ? M. Congrève me demandait de consacrer à Paris une partie de mon temps, si je ne pouvais y passer toute l'année. Il me proposait d'y constituer un centre d'action pour réagir contre la déplorable division où nous avait entraînés M. Laffitte. Son projet me parut parfaitement légitime. J'avais été privé de mes anciennes ressources par le fléau qui avait ravagé nos vignobles. M. Congrève dut s'engager à faire tous les frais de mon déplacement. Je lui fis observer qu'en quittant Marseille je renonçais à une clientèle, peu étendue, il est vrai, mais qui ne me permettait pas moins de vivre modestement. C'était donc un sacrifice que je faisais au Positivisme en consentant à aller à Paris. Notre entrevue eut lieu en présence de

MM. Sémérie et Renard, aujourd'hui l'un et l'autre décédés et de M. Barrière. M. Sémérie fit observer à M. Congrève, ce sont ses propres expressions, qu'il me demandait de brûler mes vaisseaux, sans espoir de reconstituer ma position médicale. M. Congrève, en présence de ces trois messieurs, s'engagea à faire les frais de mon séjour à Paris. Quelque temps après, dans une de ses circulaires il disait : « Si M. Audiffrent consent à prendre la direction du positivisme, je me soumettrai à lui.» Je n'ai jamais eu l'intention de subalterniser M. Congrève, mais sa déclaration pouvait me laisser espérer qu'il respecterait ma liberté d'action. Dans une entrevue que j'eus plus tard avec lui, chez M. Sémérie, il me témoigna le désir de nous voir faire à Paris ce qu'il pratiquait déjà depuis plusieurs années à Londres, c'est-à-dire de tenir une séance le dimanche matin dans un local choisi et d'y développer un sujet religieux, en admettant indistinctement tous ceux positivistes ou non qui voudraient y venir. Je fis observer à M. Congrève que ce qui lui paraissait de mise à Londres, ne me semblait pas réalisable à Paris.

Dans ma pensée, nous ne pouvions rendre au positivisme son caractère religieux que par nos publications. Je voulais avant tout reconstituer la Société positiviste sur son ancienne base et entreprendre avec elle une campagne destinée à éclairer le public et nos gouvernants sur les solutions que pouvaient réclamer toutes les questions pendantes. Comme nous ne pouvions compter sur le concours des positivistes, puisqu'il n'y en avait pas, je proposais d'admettre dans la future Société, comme l'avait fait Auguste Comte en 1848, tous ceux qui se montreraient sympathiques à nos doctrines. Convaincus que les seuls obstacles à la propagande et à l'installation du positivisme, résidaient en des institutions oppressives qu'avait si énergiquement combattues Auguste Comte, mon intention était de pousser l'opinion parisienne à aborder résolument la grande question à l'ordre du jour, de la dénonciation du Concordat. On pouvait être convaincu, conformément à la pensée du Maître, que la suppression du budget des cultes entraînerait infailliblement et à courte échéance celle des deux budgets académique et universitaire. Je dirai plus loin les tentatives que MM. Sémérie, Couché et moi, nous fimes dans cette intention.

M. Congrève persista dans son idée d'une réunion hebdomadaire le dimanche matin. M. Sémérie m'engagea à lui faire cette concession ou tout au moins à tenter ce qu'il demandait avec tant d'insistance.

J'entrepris donc une série de conférences que j'ai réunies et publiées plus tard en un opuscule sous ce titre : *Le Positivisme des derniers temps.* Je m'efforçai, dans ces conférences, de toujours rester dans les grandes voies du Maître. Le caractère religieux du positivisme y fut présenté avec tous les développements qu'il y avait introduits dans ses dernières années.

La grande doctrine s'y résumait dans une incomparable utopie. Rompant avec les révolutionnaires, j'abordais la grande question de la ligue religieuse dont m'avait si longuement entretenu le Maître pendant les dernières semaines que je passai près de lui.

J'avais consacré beaucoup de temps à la préparation de ces diverses conférences. Les lettres du Maître qui furent annexées à mon opuscule me permirent de montrer que j'étais dans la véritable filiation. Le succès avait-il répondu à ce que M. Congrève attendait de ces conférences ? Les auditeurs du dimanche matin me donnèrent-ils quelques signes d'adhésion ? Sauf les quelques rares positivistes qui s'étaient unis à moi, on resta en général assez froid. Plusieurs n'y venaient que pour discuter et présenter leurs vues quelconques, qu'ils mettaient sans aucune façon en opposition même avec la pensée du Maître.

Y avait-il plus à attendre de nos réunions du mercredi

soir ? La société était, sans doute, fort mélangée, mais on était d'accord sur un point. Tous, sympathiques au Positivisme, sinon positivistes, pensaient que c'était dans le maintien de trois institutions oppressives qu'il fallait chercher les obstacles à la libre discussion, au vrai progrès. Ainsi ils adhérèrent sans restriction à la protestation que firent MM. Sémérie, Couché et moi, au nom de la liberté spirituelle, contre les décrets d'expulsion des ordres religieux. Autour de M. Laffite on laissait passer sans protestation cet acte inique.

A la suite de l'envoi de quelques opuscules, je recevais la visite de M. B., ancien vice-président de la Chambre des Députés. M. B. et plusieurs de ses collègues menaient alors une campagne contre la politique de compromission de M. Gambetta. Il me fut facile de lui faire comprendre que c'est par une action extra-parlementaire, comme on peut en trouver la preuve dans l'histoire de nos Assemblées, qu'on vient à bout d'une Assemblée. La question de la dénonciation du Concordat, se trouvant alors à l'ordre du jour, je l'engageai à entreprendre une campagne dans ce sens. L'hiver suivant il commença une série de conférences qui eurent un certain retentissement. Notre petit groupe aurait pu lui prêter son concours, s'il avait pu se maintenir.

M. Congrève s'intéressait assez peu à notre action politique. Comme la plupart de ceux qui le suivaient en Angleterre, il attribuait exclusivement le temps d'arrêt qu'éprouvait le monde du positivisme à la seule déviation mentale de M. Laffitte. Son insuffisance était l'unique raison qu'il donnait à notre état de stagnation. Sans méconnaître les effets d'une fausse direction, je cherchais ailleurs, pour ma part, les véritables causes de cet état de choses. Alors, comme aujourd'hui, je ne voyais d'autre moyen d'en sortir, que dans une campagne menée activement, et d'une manière suivie, en faveur de la liberté spirituelle. M. Sémérie nous avait dotés de plusieurs opuscules qui furent lus avec intérêt dans le parti républicain.

Le désaccord qui s'était manifesté, dès les débuts, entre la manière de voir de M. Congrève et la mienne, s'accentua de plus en plus. Même en nous plaçant au point de vue religieux nous avions cessé de nous entendre. Le Positivisme avait reçu son couronnement dans la dernière œuvre du Maître. Pour lui il devait être présenté désormais comme se condensant dans son utopie, où les divers aspects de la religion venaient se résumer, comme ceux du catholicisme dans le mystère eucharistique. Les extraits de sa correspondance annexés à mon opuscule ne pouvaient laisser aucune hésitation à cet égard.

M Congrève m'écrivit qu'il regrettait que j'eusse donné tant de retentissement à l'utopie positiviste, que cela pouvait lui susciter des embarras dans le milieu anglais, qu'une pareille conception devait être présentée avec ménagement, que le moment ne lui paraissait pas propice pour l'entreprendre.

Quelques années après l'avortement de notre tentative, lorsque grâce à la générosité de l'un de nos confrères irlandais, M. le Dr Ingram, j'eusse fait imprimer mon opuscule de la *Vierge-Mère* (1), M. Congrève restait encore à l'égard de l'utopie positiviste, en des dispositions d'esprit qui, certes, n'étaient pas celles de son Maître. Je tiens de M. Hutton ce qu'on va lire. Dans le mystère Eucharistique, lui écrivait M. Congrève, le catholique voit une réalité, tandis que le positiviste ne saurait rien voir de semblable dans son utopie, qui ne sera jamais pour lui qu'une fiction. Après une semblable déclaration on est à se demander, si M. Congrève a bien compris la théorie de l'utopie, telle que

(1) J'engage le lecteur, s'il a du temps à perdre, à lire dans le *factum* de M. Mendès, ce qu'il dit de mon opuscule de la *Vierge-Mère* et de la réflexion que j'ai faite dans ma notice sur *la Vie et la Doctrine d'Auguste Comte*, à propos de la grande différence d'âge entre les père et mère de l'incomparable novateur. On ne saurait allier plus d'ignorance des matières biologiques et morales à autant de suffisance.

l'a donnée Auguste Comte dans le 4ᵉ volume de sa Politique Positive, et sa destination finale. Que peut être l'utopie pour tout positiviste, comme d'ailleurs toute grande production artistique, sinon l'exagération des conditions du *vrai*, dont elle ne doit jamais méconnaître les lois. Elevée sur le vrai, elle est destinée à nous présenter sous une image exagérée les conditions du bon.

Dans mon opuscule, développant fidèlement la pensée du Maître, je me suis efforcé de démontrer qu'il n'est rien dans l'état actuel de nos connaissances scientifiques qui puisse infirmer sa conception, qu'il est même dans la série des êtres des faits assez nombreux, qu'il ignorait, qui viennent la confirmer. Si M. Congrève s'était bien pénétré de la pensée de son Maître, il eût compris que s'il était nécessaire au chrétien de croire à la réalité objective du mystère eucharistique, comme, d'ailleurs, à celle de son Dieu, le positiviste, placé à un point de vue toujours relatif, peut admettre tout image exagérée, soit pour résumer, soit pour embellir ses conceptions quelconques, pourvu que les conditions du vrai y soient toujours respectées. Telle est la différence qui existe entre la réalité objective que reconnaît le chrétien et la réalité subjective dont se contente et qu'utilise le positiviste.

Ce n'est certes pas par une insuffisance d'instruction que M. Congrève, et encore moins d'intelligence, qu'il faut attribuer la résistance qu'a trouvée chez lui la plus originale et la plus sentimentale conception sortie d'un cerveau humain. Ses antécédents protestants, l'influence d'un milieu, où l'on se fait un mérite de repousser le culte de la Vierge des Croisés, et dont il n'a pu s'affranchir assez, sont pour moi des raisons plus que suffisantes pour expliquer sa résistance à l'admission, sans arrière-pensée, de l'utopie positiviste, véritable résumé au même titre que le mystère eucharistique de la religion tout entière, culte, dogme et régime.

Après ces divers développements, on peut voir combien, soit au point de vue politique, soit au point de vue religieux, je différais, même en partant, de la manière de voir de M. Congrève. Qu'exigeait-il de moi, sans trop s'en douter peut-être, sinon subordonner la direction à donner à la propagande positiviste à Paris, ainsi que je le lui ai écrit, à des convenances anglaises. Il faut faire aimer l'Humanité, me disait-il un jour dans une de nos promenades à travers Paris. Cette recommandation, tout honorable pour lui qu'elle était, fut pour moi un sujet de bien des réflexions, presque une révélation. Tel est le but, sans doute, où doivent tendre tous nos efforts. Etait-ce par nos conférences du dimanche matin qu'il espérait l'atteindre. L'ancien professeur d'Oxfort m'apparut sous le vulgarisateur positiviste. Il avait jadis prêché l'amour de Dieu, aujourd'hui il lui paraissait naturel de prêcher l'amour de l'Humanité. S'il faut des devoirs pour faire des sentiments, disait la noble compagne du grand novateur, il faut, disait l'éternel amant, des convictions pour faire des devoirs. Faire des convictions, en un milieu même bien disposé de cœur, n'est certes pas l'affaire d'un jour. Reconstituer l'état mental d'un sujet quelconque exigeait, à Paris surtout, plus que les prédications du dimanche matin. Elles ne pouvaient tout au plus que soutenir la sentimentalité de ceux qu'une première initiation y avait déjà préparés. Je ne vis donc dans la recommandation qui m'était faite qu'une noble intention, qui pouvait cependant me laisser supposer une insuffisante connaissance des difficultés auxquelles viendra toujours se butter toute propagande qui ne s'adressera qu'au cœur, sans tenir compte des exigences de l'esprit et de celles du milieu où elle est faite.

Qu'on me pardonne les longs développements auxquels je me suis laissé aller. J'ai voulu montrer combien le point de vue auquel je me trouvais placé, en entreprenant une campagne parisienne, différait de celui d'un homme sincèrement attaché à la mission qu'il s'était donnée. En comparant maintenant l'obstination qu'il mettait à me recommander ses projets de prédictions hebdomadaires, à la déclaration qu'il avait faite antérieurement, de se subordonner à moi, si j'acceptais la direction du positivisme à Paris, que devais-je penser, sinon que vu l'état de son esprit, il ne pouvait prévoir à quoi il s'engageait.

Avant de quitter Paris, au terme du séjour que je m'étais engagé à y faire, j'avais averti M. Congrève de l'inutilité qu'il y avait de continuer nos conférences, que je craignais de jeter sur notre propagande un ridicule auquel je ne voulais pas m'exposer. Néanmoins, peu de jours après mon départ de Paris, sans m'en avertir, il y envoyait son gendre, assisté de M. Edger, pour recommencer ce que j'avais vainement tenté. Etait-ce un blâme qu'il voulait ainsi m'infliger ? On aurait pu le supposer. Espérait-il que d'autres, plus habiles que moi, seraient plus heureux ? Quoi qu'il en soit, le procédé me parut manquer de convenances, blessant même pour ma dignité Je n'en fus informé qu'à mon retour à Marseille, par une lettre de M. Couché. Je ne pouvais tolérer ce manqne d'égards, ne sachant d'ailleurs ce qui pourrait être dit pendant mon absence, et n'ayant, je dois l'avouer, qu'une médiocre confiance en M. Edger. M. Congrève lui-même ne nous avait-il pas engagés M. Sémérie et moi, à nous tenir dans une prudente réserve envers lui. Je fis fermer l'appartement loué en mon nom. MM. Sémérie et Couché approuvèrent l'un et l'autre ma conduite en cette occasion. M. Sémérie y vit même un acte d'énergie nécessaire. (Voir plus loin une note relative à une lettre de M. Sémérie à M. Congrève).

M. Congrève a-t-il jamais été bien pénétré des responsabilités qu'entraîne la direction du Positivisme ? On pourrait en douter, soit dit en passant, quand on se rappelle qu'il avait accepté, à la mort d'Auguste Comte, lui presque inconnu alors de tous, cette lourde charge que les hésitations de M. Laffitte lui avaient fait proposer par quelques-uns. Une proposition semblable m'avait fort troublé. Cependant, se méprenant sur mes véritables aptitudes, le vénéré Maître sur son lit de mort, m'avait fait l'honneur de voir en moi le mieux disposé de ses disciples à l'assimilation de sa pensée. M. Lonchampt est mort, j'aurais donc mauvaise grâce à invoquer son témoignage. C'est lui qui me remplaça auprès du Maître, lorsque peu avant la catastrophe finale je fus obligé de quitter Paris. Il voulait vivre, le grand homme, il nous avait fait partager sa confiance en la guérison. Son état très grave alors, ne l'était pas cependant assez pour nous faire renoncer à tout espoir.

Quoiqu'il en soit, il résulte de toutes ces considérations qu'il était difficile, impossible même à deux natures, qui différaient sous tant de rapports, de faire une campagne commune. Ma situation devenait cependant d'autant plus difficile à l'égard de M. Congrève, que je dépendais de lui sous le rapport financier. Je crus devoir en conséquence lui dire loyalement que je ne pouvais accepter plus longtemps sa subvention. M. Congrève savait bien que j'avais abandonné ma position à Marseille qui, quelque modeste qu'elle fût, m'aidait à vivre. Il aurait pu se rappeler les paroles de M. Sémérie. Il les avait sans doute oubliées, car il ne paraissait pas s'en soucier.

Les quelques relations que j'avais formées à Paris et en province, grâce au concours si actif de M. Yribes, ingénieur des Ponts et chaussées à Angoulême, me firent espérer un moment, que le zèle de quelques adhérents me permettrait de tenir le coup à Paris. Mes espérances furent bientôt déçues. Quelques ressources personnelles sur lesquelles je comptais, vinrent à me manquer en même temps. Après la rupture avec M. Laffitte, toute récente alors, fallait-il donner au public le spectacle d'une nouvelle rupture parmi ceux qui avaient le plus énergiquement protesté contre la déviation mentale du prétendu directeur du Positivisme ? Je préférai regagner mes foyers.

Pendant quelques années, grâce à la générosité d'un positiviste Anglais, M. le Dr Wyman, je pus faire les frais de diverses publications, qui me permirent de protester de loin contre les errements de la rue M. le Prince, qui s'accentuaient de plus en plus.

Quelque pénible qu'ait été pour moi de revenir sur des événements passés, j'ai dû le faire pour répondre à des reproches, ayant le caractère d'une véritable accusation, qui me venaient de ceux de qui je croyais n'avoir jamais à en encourir. Je devais, a-t-on dit, parmi vous, rester à Paris, après la rupture, dussé-je y mourir de faim. Je n'aurais pas à répondre à de pareils propos s'ils n'étaient l'écho de certaines paroles malveillantes, que je dois dans un intérêt commun signaler, relever même. Mais examinons d'abord s'ils émanaient d'une pensée bien pondérée. Une pareille invitation équivalait évidemment à celle de vendre mon modeste patrimoine, déjà bien amoindri par un désastre antérieur. Après l'avoir dissipé, j'aurais eu pour toute ressource de tendre la main, en attendant le triomphe du Positivisme et d'aller mourir à l'hôpital. Est-ce à M. Congrève que j'aurais eu recours pour m'assister dans ma misère, lui qui avait si facilement oublié l'engagement qu'il prenait à Marseille, devant plusieurs témoins, et dont il se laissait dégager si facilement, quand ma dignité blessée m'obligeait à renoncer à la subvention qu'il avait affectée à mon entretien. Pouvais-je croire à un développement assez rapide du Positivisme pour compter sur un avenir prochain, autre que celui que la plus vulgaire sagesse me montrait. Celui de vos compatriotes qui juge si sévèrement la conduite des autres, s'est-il demandé avant de tenir un pareil langage, si je ne laissais personne après moi, si, honnêtement, j'étais autorisé à aliéner mon modeste patrimoine. Les événements n'ont-ils pas prouvé d'ailleurs que mon sacrifice eût été en pure perte.

Vous avez vécu, en quelque sorte, dans mon intérieur,

cher Monsieur, et vous avez pu constater, par vous-même, qu'il est autour de moi des personnes dignes d'intérêt, que ma ruine eût réduites, elles aussi, à la misère. Votre compatriote, que je ne désignerai pas autrement, s'il avait montré la prudence que tous doivent réclamer de ceux qui prennent charge d'âmes, qui se donnent mission de diriger les autres, aurait-il dû prononcer de pareilles paroles ? L'ensemble de ma conduite qui, j'ose le dire, fut un long sacrifice au Positivisme, ma vie tout entière tenue éloignée des honneurs, de la haute position que j'aurais pu me faire, comme tant d'autres, en utilisant de vieilles relations, toutes ces réflexions qu'un homme moins passionné, faut-il dire, mieux élevé, aurait pu faire, n'auraient-elles pas dû être faites, si l'on s'était montré plus réservé, plus respectueux, dirai-je ? Quand il y a quelques années on me faisait l'honneur de me dédier un volume, était-on dans les mêmes sentiments à mon égard ? Aucun changement n'est survenu cependant dans ma conduite. Celui qui m'accuse ainsi n'a-t-il pas dit lui-même que parmi les positivistes, j'étais le seul qui fût resté dans les voies du Maître. Qui a pu égarer ainsi son esprit ? Il n'a été en cette occasion, ai-je dit, que l'écho de propos malveillants. Puis-je lui supposer un esprit bien pratique, une connaissance suffisante des hommes ? Le sentiment de fraternité ne devrait-il pas distinguer un positiviste de la cohue des ambitieux de toutes provenances au milieu de laquelle on est parfois condamné à vivre. Nous ne sommes plus aux temps de Saint-Paul. L'existence la plus modeste est soumise de nos jours à certaines nécessités dont on ne peut s'affranchir, surtout quand l'âge avance. On ne peut vivre du produit éventuel de la fabrication des tentes ; on ne couche plus à la belle étoile, sans s'exposer à être arrêté comme vagabond, et traîné en police correctionnelle. Combien se montrait pondéré, même dans son enthousiasme, le grand novateur, dont je m'honorerai toujours d'avoir été l'un des plus fidèles disciples. Qu'il était mesuré dans ses conseils, que de condescendance, de charité pour les autres il mettait dans l'exercice de son autorité.

En se prononçant, comme il l'a fait, vous ai-je dit, cher Monsieur, votre compatriote n'a été qu'un écho. La comparaison manque toutefois de justesse, car un écho est passif et il ne l'a pas été en cette occasion. Avant d'accueillir ce qui lui venait du dehors, n'avait-il pas à contrôler les renseignements sur lesquels il basait son jugement? Tout en faisant ici la part de l'amour-propre national, je ne vois pas moins qu'il est dans le même état d'esprit que son délégué parisien. Il pense, comme lui, que jusqu'ici on n'a rien fait pour assurer le succès de notre propagande, que tout reste à faire. De là à supposer quelque vice rédhibitoire, chez ceux qui ont été jusqu'à ce jour à l'œuvre, il n'y a pas loin. On répondait donc à sa pensée en lui fournissant un aliment.

Ma théorie cérébrale en mains, me disait le Maître à tous, on lira un jour dans les cœurs les plus fermés. Je pourrais me donner le méchant plaisir de soumettre au contrôle de cette admirable théorie, les observations que tous ont pu faire et de porter un jugement motivé sur celui dont on parle si aveuglément aujourd'hui au-delà de l'Atlantique. Qu'il accuse le milieu français, le plus sociable de tous, de son insuccès, c'est une consolation qu'il faut lui laisser. Il est cependant des faits qu'il faut rectifier, des affirmations qu'il faut relever.

On cite une lettre de M. Sémérie à M. Congrève, dans laquelle M. Sémérie aurait avancé que je n'ai jamais eu l'idée de rester à Paris, et que j'avais hâte de revenir à Marseille. Ma rupture n'aurait donc été qu'un prétexte. Je demanderai d'abord comment on s'est procuré cette lettre. C'est M. Congrève qui l'a livrée, il n'y a aucun doute à cet égard. Dans quelle intention l'a-t-il livrée et comment a-t-il été amené à le faire. M. Congrève, je le suppose, n'avait pas trop à se féliciter de la rupture survenue entre nous, et son correspondant parisien ne pouvait avoir de bien vives sympathies pour moi. En ces conditions un accord s'établit bien vite. Il est parfois si doux de s'entendre pour mal faire. C'est un plaisir qui n'est guère connu que de certaines natures.

Mais revenons à la lettre de M. Sémérie. Je puis d'abord en demander la date. Je ne puis supposer aucune duplicité chez M. Sémérie, car jusqu'au jour où je lui fis connaître ma résolution de ne plus revenir à Paris, nous avions jugé l'un et l'autre de la même manière la conduite et les dispositions mentales de M. Congrève. Celui-ci, suivant les habitudes anglaises, cherchait à se tenir au courant de tout ce qui se passait parmi nous et c'est en réponse à l'une de ses lettres que M. Sémérie lui aurait dit que je n'avais jamais eu l'intention de me fixer à Paris. Je n'ai jamais eu, en effet, l'intention de m'y fixer complètement, trop d'intérêts m'attachaient au Midi. Mais je pouvais y consacrer la moitié de mon temps comme je m'y étais engagé. Comment m'expliquer le propos qu'on prête à M. Sémérie lui qui savait mieux que personne quels sacrifices d'intérêt et d'affection j'avais faits en quittant Marseille. Loin de moi de vouloir donc douter de sa loyauté, mais sa lettre pouvait me surprendre. A propos d'une lettre qu'il écrivait de Vichy à M. Congrève et dont il me fit connaître la teneur, je lui disais, qu'après s'être prononcé avec moi, comme il l'avait fait sur le compte de M. Congrève, je trouvais que son *extrême amabilité* dépassait certaines limites. M. Sémérie fut blessé de mon observation. Conclut-il en homme passionné qu'il était que je cherchais une occasion, une excuse pour me dégager et rompre peut-être avec lui ?

J'ai assisté M. Sémérie à son lit de mort ; il me chargea de l'exécution de ses dernières volontés concernant son inhumation. Certes, pendant sa longue et cruelle maladie je ne me suis jamais aperçu qu'il doutât de mon amitié et de mon zèle pour la propagande du Positivisme. S'il avait pu croire à quelque arrière-pensée chez moi, elle se serait bien vite dissipée, car ma situation financière, qui ne s'était pas améliorée lui apparaissait dans toute sa nudité. Quoiqu'il en soit, c'est sur la lettre de M. Sémérie, malgré le témoignage des faits, que M. Congrève et son correspondant s'appuient pour m'envoyer aux gémonies. Que de fiel, pourrai-je dire, à mon tour, dans l'âme des dévôts !

Faut-il maintenant invoquer le témoignage de M. Couché, qui sait tout ce qui s'est passé à Paris, pendant notre séjour en commun en rue Jacob, pour laisser à M. Congrève toute la responsabilité de nos insuccès. J'ose le dire hautement, qui n'eût été dégoûté d'entreprendre une campagne avec un auxiliaire aussi peu au courant de ce que réclamait le milieu français et si peu convaincu qu'on ne pouvait faire à Paris ce qui lui réussissait si peu à Londres.

Avant sa rupture avec M. Laffitte, le plus parfait accord existait-il entre M. Congrève et ses adhérents anglais ? Quand M. Sémérie fit son voyage à Londres pour s'entendre avec lui sur les moyens à employer pour s'affranchir de la direction de la rue M. le Prince, il crut prudent de s'assurer du concours de ceux de l'entourage de M. Congrève. qui avaient le plus protesté contre l'insuffisance d'une telle direction. M. Sémérie m'assura qu'il s'y opposa obstinément. Ce sont ces Messieurs qui, par opposition à leur chef anglais, se rangèrent plus tard du côté de M. Laffitte et qui aujourd'hui encore font les frais de ses publications et de sa Revue.

Quoiqu'il en soit, il résulte de tout ce que je viens d'exposer, que notre malheureux pays, si troublé en ce moment, reste méconnu dans les aspirations. et ses moyens d'action, par la plupart de ceux qui nous arrivent du dehors. Je le dis hautement, le positivisme ne s'y développera avec son grand caractère, à la fois religieux et social, que lorsque les obstacles académiques et universitaires auront été renversés. C'est à nous en affranchir que doivent tendre désormais tous nos efforts. Nous assister dans cette difficile tâche. c'est ce que nos adhérents étrangers auraient de nos jours de mieux à faire. Mais c'est ce qu'il me paraît bien difficile de leur faire comprendre dans l'état où se trouve leur esprit. Dans le pays le plus sociable, le plus hospitalier de la Terre, il y a eu place de tout temps pour tout le monde ; on n'y a jamais repoussé aucun concours. Rien, par contre, de ce qui pourrait convenir à nos voisins ne saurait y être heureusement appliqué. Sur la foi de Montesquieu, on nous a dotés de la Constitution anglaise, d'un parlementarisme dissolvant, dont vous avez pu constater par vous-même les funestes effets.

Je me suis étendu bien longuement, mon cher Monsieur Xavier, en vous entretenant d'un passé qui, pour n'être que d'hier, n'a pas moins été fort agité. Ma fréquentation vous a déjà exposé à bien des ennuis. Faut-il que j'aie déchaîné contre moi assez de colère, que j'aie blessé assez cruellement certaines vanités, pour qu'on vous ait poursuivi comme on l'a fait. Lorsqu'on a voulu vous perdre auprès de vos compatriotes, que redoutait-on de vous ? Que vous eussiez été tenté de dire que le docteur Audiffrent, qui vous a ouvert la maison, que vous avez eu la faiblesse de fréquenter, vous et votre honorable famille, pendant de longs mois, n'est ni un débauché, ni un faux frère. On a dit tout cela. Je termine cette longue épître, mon jeune ami, sans conserver aucune espérance de convaincre personne parmi vous. A mon âge, et surtout quand on dispose d'une théorie cérébrale, on n'est guère disposé à attendre aucun retour de ceux qui sont si disposés à s'ériger en juges de nos actes, de nos pensées mêmes.

Cette épître, je n'ose dire ce mémoire, n'est pas destiné à la publicité, quoique je ne l'aie jamais redoutée. Elle vous servira à vous éclairer sur les événements passés, et quand vous aurez acquis l'autorité que vous exercerez un jour autour de vous, elle vous aidera aussi à rectifier certaines erreurs si elles persistent encore. Qu'elle puisse vous aider à combattre les préventions de vos compatriotes contre notre malheureux pays, qui devra rester pendant longtemps encore l'avant-garde de l'Humanité. On veut constituer à l'étranger un type que la France pourra un jour imiter, c'est ce qu'on a dit dans certains entourages. Qu'on se contente de l'aider, quand on le pourra, à rentrer dans la voie d'où la fatalité l'écarte encore aujourd'hui. Nos divisions intérieures sont certainement ce qu'il y a de plus affligeant, dans la poursuite de la mission que nous avons acceptée. Faut-il croire qu'elles persisteront jusqu'à ce que notre nombre ait assez grandi pour qu'une véritable opinion publique se constitue. Elle seule, en effet, pourra contenir certaines ambitions qui peuvent s'égarer en l'absence de tout contrôle.

Le bonheur, me disait le Maître dans une de ses inépuisables conversations, n'existera dans l'avenir même, que chez le prolétaire, que ne chargera aucune responsabilité, qui pourra, après s'être acquitté de sa tâche quotidienne, jouir en plein des joies de la famille et se laisser aller à la contemplation d'un temps où il vivra avec tous ceux qui viendront après lui. Il n'aura rien à envier à ses chefs, qui seront le plus souvent dévorés par la fièvre de l'ambition. Rappelons-nous que si les exigences de leurs absorbantes fonctions obligeaient les grands types, dont notre espèce peut justement s'honorer, à s'élever au-dessus des autres, ils avaient dans le cœur, pour se faire accepter et tempérer les rigueurs du commandement et du Conseil, des trésors de charité que l'ambition ne pouvait étouffer. Le malheureux, il ne peut aimer, disait du tentateur, la sainte émule de Loyola. A votre âge, mon jeune ami, vous pouvez espérer de voir l'horizon se dépouiller des nuages menaçants qui l'obscurcissent. J'aurai alors disparu. Puissiez-vous garder un bon souvenir de celui qui se confie à votre droiture et à votre sincère nature, pour défendre sa mémoire.

Marseille, terminé le dimanche 10 César 104.

Signé : G. AUDIFFRENT.

2ᵒ La lettre de M. Sémérie

Ce qu'on va lire est implicitement contenu dans la lettre à M. Xavier.

M. Mendès m'oppose une lettre de M. Sémérie qui doit me perdre auprès de tous. C'est une des foudres dont m'a menacé M. Lemos. Je désire qu'elle ne perde pas celui qui l'a communiquée, en voulant, par là, poursuivre une vieille vengeance d'amour-propre blessé. Je fais le même vœu pour celui qui l'a colportée.

M. Sémérie était, on le sait, d'une nature fort impressionnable, d'un tempérament tout féminin, cédant facilement à toutes les variations extérieures, un véritable artiste.

Voici l'histoire de la fameuse lettre que je connaissais en substance, comme on l'a vu, lorsque j'écrivis à M. Xavier. Toute une correspondance que je tiens à la disposition du lecteur et des témoins dignes de foi, montreront quelles étaient les dispositions de M. Sémérie à l'égard de M. Congrève, lorsque survint la déconfiture de la rue Jacob, dont on veut me laisser responsable. M. Sémérie, aussi bien que M. Couché, notre éminent confrère, n'attachait d'importance à ce qui s'y faisait qu'en vue de reconstituer notre vieille Société positiviste. Une campagne destinée à provoquer la suppression du budget des cultes, question qui était alors à l'ordre du jour parmi les membres les plus avancés de nos assemblées, tel était, par dessus tout, ce que nous poursuivions. Ce fut dans un esprit de concession, faite à M. Congrève, que furent instituées nos quelques conférences du dimanche matin. Leur peu de succès et le milieu que je qualifierai d'étrange, où elles se faisaient, m'obligèrent à les suspendre.

Quelques rapports avec certains personnages officiels me permirent de leur faire comprendre toute l'importance que pouvait avoir pour la vraie liberté, la suppression du budget des cultes. L'un deux entreprit à cet effet une série de conférences qui eurent un certain retentissement.

M. Sémérie, j'ose l'affirmer, et ma correspondance personnelle est là pour l'établir, n'a jamais vu en M. Congrève qu'un propagateur incapable de comprendre ce que comportait le milieu français et surtout parisien. Je dirai même, ainsi que je l'ai écrit, qu'il était tout disposé à subordonner le développement doctrinal du positivisme à certaines convenances de son pays.

Malgré la scission survenue entre Londres et nous, M. Sémérie était resté en relations épistolaires avec M. Congrève. On ne pourrait l'en blâmer. Cependant, une lettre qu'il m'écrivit de Vichy, où je constatais une série d'aménités échangées entre lui et celui sur le compte duquel il s'était assez librement prononcé, me parut étrange. Je ne pus m'empêcher de lui rappeler ce qu'il nous devait, ce qu'il avait lui-même formulé sur la conduite de M. Congrève à notre égard. Ma lettre le blessa profondément. Cette lettre qu'on trouvera probablement dans ses papiers, commençait à peu près de la sorte : « Votre *extrême amabilité* ne nous a pas permis, sans doute, de rappeler à M. Congrève l'étrangeté de ses procédés à notre égard. » Nos relations en restèrent là. Elles ne furent reprises que lorsque la maladie le ramena dans le Midi. Il est inutile de rappeler ma conduite d'alors.

J'ai eu lieu d'être surpris que M. Sémérie eût écrit, après la cessation de nos rapports, la lettre qu'on m'oppose aujourd'hui. Ce qui me surprit davantage, c'est qu'il ait eu l'idée de proposer à M. Congrève une nouvelle campagne à Paris, avec le concours de son gendre, M. Nicholson. Ne m'avait-il pas entièrement approuvé lorsque je m'opposais à la prise de possession de notre local de la rue Jacob, que

MM. Nicholson et Edger, étaient venus occuper, sans m'en avoir seulement averti. C'est avec M. Nicholson cependant, que M. Sémérie voulait reprendre l'affaire de la rue Jacob. Regrettait-il de ne pas avoir une tribune ? Ce genre de publicité n'était pas cependant ce qu'il recherchait. Homme de plume, c'était par des écrits qu'il pouvait espérer de remuer l'opinion. Lorsqu'il demande en raillant, dans sa lettre, si c'est avec deux brochures que j'espérais triompher de tous les obstacles, il oubliait, sans doute, que ma dignité ne me permettait pas de dépendre temporellement de M. Congrève et que, après avoir dû renoncer à toute dépendance de cette nature à son égard j'étais réduit à mes seules ressources. Les efforts que j'avais faits après la scission pour nous en constituer de nouvelles, en m'adressant à ceux qui avaient primitivement adhéré à nos projets, n'ayant pas abouti, je ne pouvais me charger des frais de notre installation, en supposant même que mes moyens personnels, alors fort réduits, me permissent de vivre à Paris. On a trouvé au Brésil, en ce pays où l'on porte si facilement des jugements sans appel, que j'aurais dû rester à mon poste et y manger jusqu'à mon dernier sou.

Dans sa lettre, M. Sémérie, sans doute consulté par M. Congrève, y déclare que le mobilier lui appartient. Il l'avait payé, en effet. Mais M. Sémérie avait encore oublié que l'appartement était loué en mon nom, que je répondais du loyer auprès du propriétaire de l'immeuble. J'étais dans l'impossibilité de le payer de mes fonds. Fallait-il se résigner à une vente judiciaire du mobilier. On aurait bien ri en rue M. le Prince. Dans toute cette affaire, j'ai le regret de le dire, M. Sémérie a trop cédé à la passion, sans cela il n'eût pas dit certainement que je manquais à mes devoirs. Lui, mieux que personne, pouvait savoir combien, en toute occasion, je les avais respectés. Si quelqu'un nous a exposés au ridicule, comme il semble le redouter dans sa lettre, c'est celui qui s'était constitué notre patron et me réduisait, pour conserver mon indépendance spirituelle, à renoncer au subside qu'il s'était engagé à me fournir.

Après ces explications, je ne reviendrai plus sur ce triste incident. Il faut savoir oublier les travers de nos morts et ne parler d'eux qu'après leur avoir fait subir la double préparation que Dante imposait à ses élus. Que l'immersion dans le fleuve de l'Eunöé nous les rende parés des belles qualités que nous leur avons connues.

Réservons notre commisération pour les vivants, ils en ont souvent besoin.

A Monsieur Lémos

Monsieur,

Je ne voudrais pas trop vous amoindrir auprès de ceux qui vous ont accepté pour chef. Vous présidez, dit-on, à un grand mouvement, que je dois respecter, et auquel on serait heureux de s'associer. S'il faut en croire vos circulaires, il s'est produit autour de vous un grand ébranlement, dont le Positivisme doit être fier. Puis-je cependant, Monsieur, accepter vos accusations et ne point m'en défendre ? Ne serait-ce pas m'amoindrir moi-même que de laisser passer sous silence, sans y répondre, tout ce que vous me reprochez ?

Parmi mes coréligionnaires, surtout parisiens, je me trouve investi d'un certain crédit, que m'a mérité, je puis le dire sans fatuité, plus de quarante ans de dévouement à une œuvre, à laquelle dès ma première jeunesse, ma vie tout entière fut consacrée. Vous-même, Monsieur, ainsi que je vous l'ai rappelé, avez exalté mes travaux. Quand on tenait sous le boisseau les plus belles, les plus fécondes conceptions du Maître, qu'on craignait de se compromettre en en parlant, je les ai le premier rappelées, en désaccord souvent avec ceux qui se croyaient les plus fidèles propagateurs de sa doctrine. Chez vous-même, à ce qu'il m'a été rapporté par des personnes dignes de foi, celui qui m'attaque aujourd'hui à votre invitation n'a-t-il pas dit que j'étais resté seul dans la vraie filiation du Maître. Il se trompait sans doute en ce cas, car il en est d'autres.

Sans vouloir exalter mes services, n'avais-je pas quelque droit, Monsieur, ne serait-ce que par mon âge, qui est presque le double du vôtre, à des égards que semblait commander, entre gens bien élevés, la simple politesse. Quelques mots qui ne s'adressaient pas directement à vous, et ne pouvaient en rien compromettre votre autorité auprès des vôtres, ont suffi pour vous faire sortir des bornes de la plus simple convenance, vous faire oublier enfin que la première qualité d'un chef spirituel est de se posséder. Votre lettre, où la violence s'associe à de sournoises insinuations, ne semble pas prouver encore que vous en soyez bien convaincu.

Mais venons au fait, Monsieur, et précisons. Une correspondance que je tiens à la disposition de tous montrera si l'on veut la consulter, que je n'ai rien dit, rien fait, qui ne soit en tout conforme à une saine appréciation de notre situation. Mais reprenons la chose d'un peu haut.

Vous étiez à Paris, vous et celui qui devint plus tard votre délégué, lors de notre scission avec M. Laffitte. Vous n'avez pu ignorer ce qui survint alors ; nos protestations contre ses agissements eurent assez de retentissement. D'un commun accord on reconnut et proclama son insuffisance. Si on le maintint à la prétendue direction du Positivisme, ce fut pour conserver, dit-on, une chimérique unité. La lutte fut assez vive ; de nombreuses circulaires furent échangées de part et d'autre. Vous avez su, sans doute, que MM. Congrève, Sémérie et moi, nous fûmes retranchés de la Société positiviste, comme indignes. Quelques mois après vous partiez cependant pour le Brésil, pourvu d'une délégation apostolique du chef prétendu du Positivisme. C'était bien flatteur pour vous. Peu de temps après votre retour en votre pays, un désaccord survenait entre vous et celui qui vous avait investi d'une mission si honorifique. Il vous accusait de trancher du Grégoire VII et vous, vous lui reprochiez de s'éloigner des traditions du Maître et de l'esprit de la doctrine qu'il vous avait chargé de propager. Plus tard vous avez lancé une circulaire adressée à l'ensemble des positivistes. Vos observations, vos protestations étaient à quelque chose près ce que nous avions formulé quelques années auparavant. Votre circulaire me trouva à Grasse auprès de M. Sémérie mourant. Elle nous remplit de confiance. Une chose nous surprit cependant, c'est qu'il n'y était pas question de nos protestations antérieures. On eût dit, Monsieur, que c'était vous qui signaliez pour la première fois, ce que tous, nous nous étions efforcés de montrer. Vous vous êtes défendu de ce reproche, au-devant duquel vous êtes allé vous-même, en invoquant votre jeune âge et votre manque de renseignements. Ce dernier point est difficile cependant à admettre.

Votre circulaire fut bien accueillie de tous. J'y ai pour ma part répondu avec une pleine cordialité. Vous sentiez, comme nous d'ailleurs, le besoin de constituer à Paris un nouveau centre d'action. Mais vous réserviez votre concours à celui qui vous paraîtrait le plus digne de diriger un tel mouvement. Vos réserves, je dois vous le dire, ont paru blessantes à quelques-uns. A votre insu, sans doute, vous subordonniez déjà l'action parisienne à votre appréciation. Je me permis de vous présenter quelques réflexions sur le caractère à donner à une action à Paris, et de vous signaler bien des choses dont vous ne fûtes pas bien convaincu. Mais permettez-moi, Monsieur, avant de vous rappeler quelle fut ma manière de voir à cet égard, de vous communiquer une observation qui me fut faite, à peu près à la même époque par un homme judicieux, qui avait occupé une haute position administrative, et qui était suffisamment au courant de ce qui se passait parmi nous. En voyant, me disait-il, votre propagande rester éternellement stationnaire, marquer, en quelque sorte, toujours le pas, en un temps où toutes les grandes questions sont à l'ordre du jour, quand on réclame de toute part pour elles des solutions, je suis conduit à me poser cette question : ou votre doctrine est insuffisante et ne répond pas aux exigences de la situation, ou vos efforts, que je connais, sont contenus par quelque obstacle dont nous ne vous rendez pas compte. Qu'avais-je à répondre, Monsieur, à ce judicieux observateur ? Précisément ce que je vous exposais dans les quelques rares lettres que nous avons échangées. Je m'efforçais, en effet, alors d'attirer votre attention sur ce qui semblait contenir, arrêter même notre action. Je vous disais, il doit vous en souvenir, que si la déviation mentale (le mot est de moi) à laquelle s'était trouvé entraîné M. Laffitte, avait dépouillé nos doctrines de leur caractère religieux et rompu la continuité avec les enseignements du Maître, ce n'était pas là cependant, quelque regrettable que fût une pareille déviation, qu'il fallait chercher la principale cause de nos retards.

L'œuvre d'Auguste Comte était depuis longtemps dans toutes les mains. De nombreux travaux émanant de divers positivistes, sans excepter M. Laffitte lui-même, avaient répandu, dans le public, tous les points essentiels de la doctrine. Quelques lacunes qu'une mort prématurée avait laissées, autant que faire se pouvait, étaient remplies. Comment le public français ne s'était-il pas montré plus empressé aux appels directs ou indirects qui lui avaient été faits sous tant de formes ? Je me suis efforcé, Monsieur, de vous en donner la raison, acceptée par tous autour de moi. Bien des années se sont écoulées depuis, et vous n'avez pas modifié votre manière primitive de voir à cet égard. Nous vous avons vu bondir, lorsque vous fûtes naguère invité indirectement à tenir compte de ce que vous vous obstiniez à méconnaître, à mieux reconnaître, que vous ne paraissiez l'avoir fait, la suprématie française. D'ailleurs ce reproche, si c'en était un, ne s'adressait pas seulement à vous, les positivistes de toute autre provenance pouvaient en prendre leur part. Cette suprématie, que vous déclarez n'avoir jamais méconnue, est restée pour vous, on peut le dire, à l'état platonique et rien ne prouve dans votre conduite, que vous ayez cherché à bien vous rendre compte de notre situation, restée sans équivalent en Occident. Si vous l'aviez fait, vous vous seriez aperçu, comme l'ont reconnu tous ceux qui se trouvaient à meilleure source que vous, qu'elle ne pouvait guère se prêter à l'extension de la grande doctrine, quoi qu'elle y fût de plus en plus réclamée. Vous avez préféré attribuer l'état de stagnation où se trouve notre propagande à la seule insuffisance des positivistes. Telle serait encore, à l'heure actuelle, votre conviction à cet égard, si l'on en juge d'après le passage de la 8ᵉ circulaire du Maître, dont vous agrémentez votre menaçante circulaire.

Lorsque je reçus, à Marseille, la visite de votre délégué à Paris, savez-vous, Monsieur, comment il reconnut ma cordiale hospitalité. Jusqu'à ce jour, me dit-il, sans se douter de son manque de convenance envers son hôte, rien n'a été fait, tout est à faire. C'est à l'un des plus anciens disciples d'Auguste Comte, à un homme qui avait plus de deux fois son âge, comme vous, qu'il tenait ce langage. Les quelques personnes de votre pays qui, à diverses époques, m'ont honoré de leur visite, m'ont paru mieux élevées.

En relisant vos nombreuses circulaires, où la corde sentimentale vibre peu, on peut se convaincre que c'est toujours avec autorité que vous parlez, en homme qui juge et qui juge en dernier ressort. En restant sur un pareil ton ne vous êtes-vous jamais inquiété de savoir si l'on ne vous demanderait pas de quelle supériorité mentale vous vous targuiez ? Votre délégué parisien n'a-t-il pas dit, fidèle écho probablement de votre pensée, que le Brésil s'était donné la mission de rappeler Paris à ce qu'on doit attendre de lui et de fournir à la France un type à imiter, de lui faire honte de son inactivité.

Lorsque, dans un moment de profonde satisfaction, j'apprenais par vos circulaires l'explosion du positivisme parmi vous, voici comment je me plaisais à expliquer ce phénomène, pour moi inattendu. Après mûres réflexions, me disais-je, je n'aurais pas dû en être surpris. Le Positivisme a trouvé un milieu favorable à son développement en un pays nouveau, encore nourri des vieilles traditions catholiques, où il n'y a ni savant, ni science officielle pour contenir les élans d'une jeunesse studieuse, affranchie de la domination des pédants, où les diplômes ne font pas loi.

Dans ma dernière notice sur la vie et la doctrine d'Auguste Comte, écrite à l'occasion de la célébration du centenaire de la fondation de l'Ecole polytechnique, je ne craignais pas d'annoncer à un public nourri de l'esprit mathématique, que le Brésil possédait aujourd'hui le meilleur traité de mécanique rationnelle qui ait été écrit. L'auteur, M. Eulalio da Silva Oliveira, capitaine d'artillerie, professeur à l'Ecole militaire, soustrait à toute influence académique, avait pu librement développer pour ses jeunes élèves l'admirable programme qui remplit le dernier chapitre de la merveilleuse exposition de la philosophie mathématique (1).

N'étais-je pas dûment autorisé, Monsieur, après ces diverses appréciations, arrivant confirmer ma pensée, à attribuer nos retards, non comme vous l'avez fait, à la seule déviation de M. Laffitte, ou à l'insuffisance des positivistes, mais plutôt à l'oppression qui pèse sur notre jeunesse. Le Maître vénéré était tellement convaincu de la nécessité de s'affranchir de l'obstacle académique, dont il pouvait mieux que personne mesurer toute la portée, que sur son lit de mort, il m'entretenait encore de son projet d'appel aux Ignaciens, en vue d'amener la célèbre compagnie à prendre elle-même l'initiative d'une dénonciation du Concordat. Il était convaincu que l'abolition de cette funeste institution serait suivie, à courte échéance, de celle des deux budgets académique et universitaire. Vous n'avez pas sans doute oublié, Monsieur, un mémorable passage de la Politique positive, qui a servi d'épigraphe à divers opuscules : « Ni le clergé, ni l'Université, y dit l'incomparable maître, ne font

---

(1) M. Mendès n'a vu dans l'œuvre du capitaine da Silva, qu'une plate compilation.

autant que l'Institut de France et surtout l'Académie des sciences dévier la jeunesse française de la mission qui lui est assignée. »

Dans mes diverses tentatives pour reconstituer la vieille société positiviste sur ses bases premières, avec la destination qu'elle avait reçue à l'époque de sa fondation, je n'ai jamais eu d'autre but que de l'affecter principalement à combattre les privilèges universitaires et académiques. En écrivant mon appel au nonce apostolique à Paris, je me suis, je crois, conformé à la pensée du Maître en mettant sous les yeux du délégué parisien de la catholicité, ce qui me semblait convenir à la dignité de l'Eglise et les avantages que la dénonciation du Concordat ferait à tous ceux qui gémissent sur l'anarchie spirituelle (1)

C'est de la pensée du Maître que je m'inspirais en voulant provoquer la fondation d'un groupe, qui, en laissant la propagande religieuse à ceux qui s'y sentaient appelés, devait travailler à nous affranchir de toute dépendance religieuse envers l'Etat. C'est ce que j'avais espéré vous faire comprendre, Monsieur ; je n'ai pas été assez heureux pour y parvenir.

Si vous avez suivi la marche de la décomposition sociale en notre pays, vous avez dû vous apercevoir qu'elle affecte aujourd'hui les formes les plus menaçantes pour l'avenir. L'un des deux grands problèmes légués au présent par le passé, l'incorporation du prolétariat à une Société où, suivant l'expression du Maître, il n'est, en quelque sorte, que campé depuis la fin du moyen-âge, se présente sous l'aspect le plus alarmant pour la conservation de l'ordre, tant moral que social. C'est une lutte à outrance qui s'engage entre la bourgeoisie française, dépositaire de la fortune publique et

(1) M. Lémos, dans une de ses circulaires, dit avoir contribué à l'impression de ce manifeste. Il lui a fait l'aumône de 3o francs que j'aurais refusés sans l'intervention de M. Xavier.

les travailleurs. Laissés sans guide, ceux-ci ne peuvent que s'égarer en des solutions sophistiques et méconnaître la véritable nature, à la fois économique et morale, du grand problème posé. Quels sont leurs directeurs actuels, quels sont ceux qui marchent à leur tête ? Des universitaires, des diplômés dévoyés. Le principal danger moral est là croyez-le bien. C'est en vain qu'on cherchera à lui opposer une digue, si vous n'avez préalablement assuré la liberté spirituelle, dont l'institution, je ne cesserai de le répéter, implique la suppression de trois budgets théoriques et théologiques.

Faut-il encore le dire, si vous aviez réellement reconnu, Monsieur, la nécessité de la prépondérance française, vous auriez éprouvé le besoin de mieux vous rendre compte de ce qui se passe parmi nous. Vous n'eussiez pas cru qu'une simple propagande religieuse entreprise par un organe mal préparé, insuffisamment instruit, pouvait avoir quelque chance de réussir, en un pays où toute l'activité intellectuelle et sociale se perd en des luttes stériles.

Je suis naturellement conduit à vous parler de la tentative que vous avez faite récemment à Paris. Je dois vous dire auparavant que si vous aviez réellement tenu à mieux vous renseigner sur le véritable état de notre pays vous vous seriez épargné, à vous et à votre délégué, bien des méprises. Peut-être eussiez-vous modifié les idées que vous vous faites, d'ailleurs comme bien d'autres, vivant hors de France, sur notre véritable situation.

4° **M. Lagarrigue**

Comme son ami, M. Lémos, M. Lagarrigue était auprès de M. Laffitte lorsque survint, en 1878, la grande scission. Il a pu se mettre au courant de tous les incidents de la lutte qui s'engageait alors. Il pensait sans doute comme ceux qui, tout en reconnaissant l'insuffisance du prétendu directeur du Positivisme, crurent devoir le prendre à l'essai, pendant quelques années encore pour ne point compromettre, disait-on, l'unité. Pas plus que M. Lémos, il ne protesta, lorsque MM. Sémérie, Congrève et Audiffrent furent exclus de la Société positiviste. Lorsqu'il retourna au Chili, ce fut avec une mission apostolique que lui confia M. Laffitte. Quand, quelque temps après, M. Lémos, qu'il avait pris pour chef de file, se sépara de celui-ci, il le suivit. Par une circulaire, il annonça son retour en France et les motifs qui déterminèrent sa protestation. Ces motifs étaient ceux qu'avaient signalés les quelques disciples qui s'étaient déjà affranchis de toute dépendance religieuse à l'égard de M. Laffitte. On pouvait être étonné que dans la circulaire, ainsi lancée, il ne fût pas dit un seul mot des luttes antérieures.

A son arrivée en France, M. Lagarrigue fut partout accueilli fraternellement. Les protestations contre la déviation mentale, où nous entraînait M. Laffitte, se manifestèrent alors avec une nouvelle ardeur. On se crut plus en force pour réagir activement contre elle.

Je me contente ici du rôle de narrateur.

Sur mon invitation, M. Lagarrigue voulut bien m'honorer d'une visite à Marseille. Je lui offris, pendant les quelques jours qu'il y passa, l'hospitalité de ma modeste demeure. Quoiqu'il parût l'accepter avec cordialité, il me surprit par un mot malheureux, que je mis sur le compte d'un écart de langage, auquel, vu sa qualité d'étranger, je n'attachai qu'une minime importance. *Rien n'a été fait jusqu'ici*, me dit-il, *tout est à faire*. C'était à l'un des plus anciens disciples d'Auguste Comte qu'il parlait ainsi.

A son retour à Paris, M. Lagarrigue ne resta pas sans rien faire. Doué d'une rare activité et décidé à poursuivre la mission qu'il s'était donnée, il frappa à toutes les portes. Il reconnaît dans une lettre qu'il m'écrivit, qu'il n'était pas heureux dans ses tentatives de rapprochement, ce qui ne pouvait me surprendre, la situation m'étant malheureusement trop bien connue

Après quelques mois de séjour à Paris, M. Lagarrigue revenait à Marseille, pour y voir son frère qui s'y était établi pour y faire, disait-il, de l'agriculture. Il me l'avait recommandé comme un homme fort pratique. A sa dernière visite à Marseille, ses allures avaient complètement changé. Ce n'était plus l'homme d'apparence modeste que j'avais vu antérieurement. Il parlait en homme sûr de lui-même, confiant dans sa propagande parisienne. Il avait projeté divers voyages en Angleterre et ailleurs, pour y porter le nouvel évangile. Je crus cependant devoir lui signaler quelques difficultés, propres à la situation et qu'il ne semblait pas avoir prévues. Je me fis un devoir de lui exposer ma manière de voir sur les causes qui, selon moi, avaient jusqu'ici contenu notre propagande et arrêté tous nos efforts. Je ne fus pas assez heureux pour le convaincre. J'avais devant moi un exalté, qui me noya dans un flot de raisonnements. Je ne puis me dispenser de signaler un incident qui se produisit dans le cours de notre conversation et qui eut une regrettable importance sur nos relations ulté-rieures. Veuillez m'écouter un instant, lui dis-je, avec tous les égards qu'on doit à un hôte, soyez moins pétulent, ajoutai-je familièrement. Grand fut mon étonnement de le voir pâlir. Je ne vous permets pas, Monsieur, me dit-il après un moment de silence, de m'insulter. Vous ai-je dit quelque chose de blessant sans m'en douter, répartis-je, veuillez je vous prie vous expliquer. — Vous m'avez traité de pétulent. — Mais ce mot, Monsieur, dans notre langue, n'a rien de blessant. — C'est une grossière injure en espagnol. — Je ne connais pas l'espagnol, Monsieur, voici un dictionnaire, vous en trouverez la signification en français. Le dictionnaire consulté, il ne parut pas satisfait. Il persista dans sa colère, augmentée sans doute de sa déconfiture, et les yeux hagards, il me quitta sans vouloir accepter un déjeuner préparé pour lui.

Après son retour à Paris, je reçus une lettre blessante, où, tout en voulant bien me reconnaître une certaine valeur intellectuelle, il me refusait toute qualité pratique. Voilà l'homme qui venait en France travailler à la régénération de notre vieux monde. Etais-je en présence d'un aliéné, pouvais-je me demander ? Je le priai, dans une courte réponse, de suspendre nos relations et nous en restâmes là.

Quelle fut ma surprise quelques mois après ce triste incident de recevoir une lettre, où il me priait d'oublier ce qui s'était passé, de pardonner un mouvement d'orgueil qu'il n'avait pu maîtriser et dont il avait le plus profond regret. Nos relations reprirent comme auparavant, je ne dirai pas sans un certain état de défiance de ma part.

M. Lagarrigue tomba malade d'une pleurésie qui faillit l'enlever. Sa belle-sœur, que j'avais connue à Marseille, voulut bien, à ma demande, me tenir au courant de son état. Une pleurésie, dans une constitution aussi délicate, affaiblie par un régime débilitant (voir aux dernières lettres insérées dans cet écrit) pouvait faire craindre pour l'avenir les complications les plus graves. Quand la pleurésie n'est point de nature rhumatismale, chez les adultes, elle n'est le plus souvent que le prodrôme de la tuberculisation. L'événement prouva plus tard que mes craintes à cet égard n'étaient que trop fondées.

Je revis M. Lagarrigue à Marseille, après sa maladie. Il

allait à Naples se refaire avec une famille qui l'accompagnait. Les quelques propos que nous échangeâmes à la gare me donnèrent l'espoir qu'il avait plus sainement apprécié la situation française, et qu'il comprenait, ainsi que je m'étais jadis vainement efforcé de le convaincre, qu'il existait à notre propagande des obstacles dont on n'avait pu, jusqu'ici, tenir un compte suffisant.

Quelques jours après son retour à Paris, M. Lagarrigue m'écrivait qu'il avait livré à l'impression une nouvelle édition du catéchisme positiviste. Il me sembla que, comme l'un des exécuteurs testamentaires d'Auguste Comte, j'avais quelque qualité pour être consulté sur l'opportunité d'une pareille publication. Il fut répondu assez cavalièrement aux quelques observations que je fis à cet égard.

Qu'on me permette, en passant, quelques réflexions sur les diverses éditions qu'on a données du catéchisme positiviste.

En causant avec le Maître, lors de ma dernière visite à Paris, sur une traduction anglaise du catéchisme, qu'avait entreprise un de ses jeunes disciples, M. Fisher, et que M. Congrève n'avait pas trouvée assez littéraire pour être livrée au public, M. Comte me parla d'une future édition à faire et dont lui seul, me disait-il, pouvait se charger. Depuis la publication du catéchisme, un immense progrès s'était accompli dans la pensée du Maître. Déjà, dans le dernier volume de la Politique Positive, il avait placé, en motivant le changement, le culte avant le dogme. L'utopie de la Vierge-Mère était venue, en quelque sorte, couronner son œuvre, dont elle constituait, pour ainsi dire, l'image finale. L'incorporation du fétichisme au positivisme, la théorie des milieux subjectifs, préparaient la merveilleuse institution à la synthèse subjective, qu'on trouve dans l'admirable introduction donnée à la grande œuvre dont le premier volume seul a paru. Ceux qui ont vécu auprès de ce Maître vénéré ont pu se convaincre que son génie, arrivé à la pleine maturité, nous promettait dans les volumes que la mort nous a ravis, de nouvelles surprises.

Si une nouvelle édition du catéchisme avait pu être donnée après ces immortelles créations, il est plus que probable qu'elle eût en certains points différé de la première, et que l'ensemble de la doctrine, sans être modifié dans ses dispositions principales, aurait pu être présenté sous un nouvel aspect.

La première édition du catéchisme se trouva épuisée peu de temps après la mort du Maître. M. Congrève, dans une louable intention, proposa une réimpression. Il demanda, pour la nouvelle édition, certains changements, le placement du culte avant le dogme, conformément à l'inversion introduite dans la Politique Positive, ce qui donnait lieu à des modifications de rédaction pour lier les diverses parties. M. Laffitte consentit au changement demandé et c'est avec ce changement que parut la nouvelle édition du catéchisme. Si j'avais été consulté, je me serais certainement opposé à toute modification du texte primitif. L'œuvre du Maître doit être respectée dans son intégralité et personne, sous n'importe quel prétexte, ne doit, selon moi, y toucher. C'est pour moi chose sacrée.

Si MM. Lémos et Lagarrigue m'avaient fait l'honneur de me consulter, lorsqu'ils entreprirent une nouvelle édition française du catéchisme, je me serais efforcé, pour les motifs précédents, de les détourner de tout changement à l'œuvre primitive. Mais c'était une manière de s'affirmer et, quoique on ait dit plus tard, de montrer une certaine indépendance à l'égard de Paris. N'avait-on pas dit que rien n'avait été fait, que tout était à faire.

Quelques lettres échangées avec M. Lagarrigue à l'occasion de la nouvelle édition du catéchisme, publié sous un patronage étranger, rendirent nos relations de plus en plus difficiles. Enfin une dernière dont je ne pouvais accepter le ton, m'obligea à les suspendre définitivement. M. Lagar-

rigue m'y disait que Paris appartenait à tous les Occidentaux, que leur concours ne saurait être repoussé, ce que
personne certes ne contestait parmi nous. Faisant allusion
à une certaine lettre de M. Sémérie à M. Congrève et communiquée pour la circonstance par ce dernier, il me laissait
responsable de l'insuccès de notre tentative de la rue Jacob
(voir ma réponse à cette lettre).

Après cette nouvelle sortie, l'homme qui se possédait
assez peu pour oublier ce qu'il m'avait antérieurement
écrit, ne pouvait me laisser aucun doute sur l'irrésistibilité
de son insociable orgueil (voir mon opuscule : *Des Mouvements irrésistibles*). Il était définitivement jugé pour moi.
J'aurais pu le ranger dans la catégorie de certains malades
que je vois journellement. Après diverses tentatives d'exposition publique du catéchisme positiviste, il sembla comprendre cependant qu'il pouvait avoir fait fausse route. Les
progrès d'une tuberculisation, qu'on aurait pu prévoir,
vinrent mettre fin à une existence gaspillée, en quelque
sorte, au service d'une grande œuvre, dont elle ne sut pas
apprécier sainement quels obstacles s'opposaient à sa libre
propagation.

Un grand enseignement se dégage de la triste exposition, à laquelle on nous a condamné, bien malgré nous :
c'est qu'une rare énergie, que personne ne saurait ici
contester, une persistance de volonté peu ordinaire, ne peut
suffire pour assurer aucun succès, quand nos plus nobles
facultés se trouvent contenues dans leur essor par un excès
de personnalité. Quelques mots encore avant d'en finir
avec ce triste sujet.

Peu de temps avant la première maladie dont fut atteint
M. Lagarrigue, son patron, M. Lémos, comptant peu alors
sur son succès à Paris, l'engagea à revenir au Brésil.
Consulté par lui, par un sentiment de condescendance,
dont j'eus plus tard le plus grand regret, je l'engageai à
persévérer dans ses efforts, à ne pas se décourager. Mon

conseil fut malheureux, car un retour alors en des climats chauds, avant qu'il se fût épuisé en des luttes stériles, aurait pu arrêter peut-être les progrès de la terrible maladie qui l'emporta plus tard. D'une nature *naïvement vaniteuse*, comme l'a dit M. Laffitte, l'apôtre Chilien était incapable d'analyser froidement une situation quelconque, pour peu que sa vanité fût en jeu. Quoique doué d'une grande puissance de volonté, comme nous l'avons dit, dans les conditions exceptionnelles où il se trouvait à l'égard de tous, il ne pouvait se posséder assez. Placé vis-à-vis de tous, par son manque de sociabilité, dans une situation difficile, il s'emportait à la moindre contrariété, et se livrait vis-à-vis de ses contradicteurs à des invectives qu'il pouvait ensuite regretter.

Comme ses patrons du Brésil, il s'était placé au point de vue de l'avenir et voulait en imposer les mœurs, qu'il s'efforçait, d'ailleurs, d'accepter. Aussi fut-il toujours dépourvu de condescendance à l'égard de la plupart de ceux qui se trouvaient en rapport avec lui. Préchant le triomphe de l'altruisme sur l'égoïsme, et n'ayant aucun des grands élans de cœur, qui fait pardonner certains écarts, sa vanité le mettait souvent en des situations fausses. N'ayant ni la préparation, ni l'élévation d'esprit, qui constituent une vraie supériorité intellectuelle, il n'a pu se faire accepter de ceux auprès desquels il s'érigeait en chef. Sa vie s'écoula ainsi au milieu des tourments de la vanité blessée. Il devint défiant, soupçonneux, voyant le mal et des ennemis partout. Ce n'est pas sans raison qu'on a vu en lui une nature inquisitoriale.

Si un Maître vénéré concède un certain degré d'orgueil à ceux qui sont investis d'une haute fonction sociale, c'est comme premier stimulant à certains actes de leur difficile existence qu'il leur fait cette concession. Chez les natures ordinaires, l'orgueil constitue pour lui une infirmité, pouvant avoir les plus funestes effets sur la moralité. C'est ce que nous constatons journellement en nos temps troublés. C'est toujours par un rare concours de nos hautes facultés de cœur, d'esprit et de caractère, que se constituent les véritables chefs, et qu'ils peuvent contenir en de justes limites les incitations de l'ambition. A notre époque d'anarchie, quand on peut se soustraire à toute dépendance sociale, c'est toujours l'orgueil ou la vanité qui vient compromettre toute harmonie cérébrale et développer chez des natures faites pour obéir, les plus étranges prétentions. Ce sont ces deux mobiles qui peuplent aujourd'hui nos asiles d'aliénés.

En reprochant à ses disciples de trop céder souvent à la vanité, il prévoyait à quels dangers moraux pouvait les exposer une doctrine qui leur donne aisément tant de supériorité sur leur entourage. S'ils ont quelque mérite, qu'ils ne se le dissimulent pas, c'est d'avoir pu s'élever à l'intelligence d'une pareille doctrine, à laquelle se rattachent tant de grands intérêts. Un retour sur soi-même peut facilement nous convaincre que sans elle nous serions encore confondus dans la foule des discoureurs, ou nous traînant à la suite de quelque docteur anarchique.

Mais revenons au malheureux délégué brésilien qui paya de sa vie les hautes prétentions qu'il ne put assez contenir. Qui peut douter, en effet, que le trouble cérébral dans lequel il ne cessa de vivre n'ait considérablement activé le développement d'un mal auquel, par sa constitution, il était primitivement prédisposé. On ne peut cependant douter, m'écrivait une personne qui le vit dans son intimité, qu'il ne se dévoua réellement en certaines circonstances privées ou publiques. Mais il serait difficile de lui concéder un degré d'*altruisme* suffisamment dégagé de personnalité supérieure. Une de ses dernières paroles fut très honorable pour lui: dites à M. Lémos qu'il fut mon père spirituel. On voit par là quel ascendant ce dernier exerçait sur lui. Sans cela, m'écrivait-on encore, il n'eût peut-être pas été impossible de l'amener à une meilleure intelligence de la situation française et de ses exigences. Voici, en effet, ce qu'on trouve dans une lettre qu'il communiqua à la même personne pour bien préciser l'attitude qu'il entendait prendre alors : « Nous sommes arrivés par la réflexion et l'expérience à la conviction que je ne puis et ne dois exercer ici qu'une fonction de propagande et de stimulation, afin que les français organisent une action véritablement positiviste. Etant étranger, je ne puis diriger un mouvement français, surtout dans la partie *la plus urgente actuellement, l'action politique.* » Ses déceptions, ses insuccès, une meilleure connaissance du milieu où il vivait, le portait à se défendre à la fin de certaines prétentions. « *Mon attitude,* jusqu'à présent, écrivait-il encore, a pu faire présumer aux français que j'aspirais à la direction du mouvement français. Dans ma prochaine circulaire je m'expliquerai clairement à cet égard. »

On ne vit pas impunément dans un milieu sans en subir à la longue l'influence, et lorsqu'on veut le modifier d'après certaines idées préconçues, on est tôt ou tard arrêté par des obstacles ou des difficultés qu'on n'avait pas prévus. M. Lémos se rendait-il aux observations de son délégué ? Il est notoire qu'il l'engageait au contraire à persévérer dans les voies tracées par ses circulaires antérieures, sans s'inquiéter en rien s'il était dans la bonne voie. Pour qu'on ne doute point des dispositions de ce chef spirituel à l'égard de son délégué, je pourrais citer, en invoquant notre principe de vivre au grand jour, certaine lettre qu'il écrivait à l'un de ses correspondants parisiens. Je me contenterai de dire que tout en lui déclarant qu'il attachait le plus grand prix aux jugements de *son cher collègue,* il ne reconnaissait pas moins qu'il ne voyait pas toujours de la même manière que lui. Ce cher collègue, vivant dans le milieu parisien, avait parfois des doutes sur l'opportunité de son action et sur son impuissance à modifier un tel milieu.

Quelle responsabilité n'acceptait pas un *chef spirituel* qui tranchait de la sorte d'au-delà des mers ! M. Lémos prétend cependant s'être toujours incliné devant la suprématie parisienne. Ce n'est pas un français qui la lui rappelle, qui montre ici l'inutilité et les dangers d'une action entreprise sans en tenir compte, c'est son malheureux collègue. Nous sommes tous justiciables de la postérité, c'est à son jugement qu'il faut soumettre désormais notre conduite, sans trop se préoccuper de celui des vivants. Il y a certainement autour de M. Lémos des hommes de bon sens, dont le jugement précèdera probablement celui de la postérité. N'avons-nous pas naguère assisté à ce singulier spectacle, d'un grand citoyen dont on s'est éloigné, qu'on blâma même de son vivant, et, dans le même milieu, qu'on couvre de gloire après sa mort. M. Benjamin Constant prépara à l'initiation positiviste tout une jeune génération, à qui il était chargé de conférer l'initiation mathématique. Qu'il ait été à quelques égards en désaccord avec ceux qui marchaient dans la même voie que lui, y avait-il lieu de lui en tenir rigueur. M. Benjamin Constant, qu'on ne l'oublie pas, fut le fondateur de la république brésilienne ; c'est à lui que nous devons de voir figurer sur le drapeau de son pays la devise positiviste. L'absolutisme sous le Positivisme peut confiner au fanatisme.

Cette pénible narration, à laquelle m'a conduit le soin de défendre ma mémoire, à un âge déjà assez avancé, est bien faite pour nous remplir de tristesse. Voilà un homme jeune encore, doué d'une incontestable énergie, qui s'épuise dans une œuvre au-dessus de ses forces et qui ne s'aperçoit qu'il a pu faire fausse route que lorsque la mort, de son glas funèbre, vient l'en avertir. Ceux qui ont la prétention de nous diriger d'au delà des mers, qui croient pouvoir nous montrer de nouvelles voies, sans rien connaître de nos besoins, sans tenir compte des obstacles qui s'élèvent, chaque jour plus nombreux sous nos pas, ceux-là profiteront-ils de cette lamentable leçon. Il est permis d'en douter.

Tout ce qu'on vient de lire a été écrit bien avant l'arrivée du *factum* de M. Mendès. Je le reproduis intégralement. Ce sont des faits que j'ai exposés, je les livre à l'appréciation de chacun. Je n'ai maintenant que quelques mots à ajouter.

Après avoir exalté les mérites de celui qu'il nous présente comme une victime de la malveillance commune, de cette France, qui a méconnu tous ses sacrifices, que la jalousie a contenue jusque dans ses plus nobles efforts, M. Mendès se croit autorisé, en me mettant de nouveau en scène, à s'écrier : quelle moralité ! Ceux qui ont eu la patience de me lire, trouveront-ils étonnant que nous nous écriions à notre tour, pour en finir avec l'auteur du *factum* dont on croit nous avoir accablé : la vanité a-t-elle à ce point troublé la cervelle de ce malheureux ?

Si le Positivisme produit de tels résultats, quel poison plus subtil qu'une semblable doctrine !

O Maître vénéré, que vous aviez raison de nous inviter à nous tenir en garde contre nous-mêmes. Pour nous préserver de toutes illusions sur notre valeur personnelle, ne nous avez-vous pas donné une théorie cérébrale, ne nous avez-vous pas montré les véritables conditions de l'unité, tant morale que physique ? Que serions-nous, aujourd'hui, livrés à notre seul mérite ? Comme tant d'autres, nous nous traînerions à la suite de quelque discoureur anarchique, discoureurs nous-même.

O vanité, le mieux dénommé de nos instincts, comme manquant le but pour y trop prétendre, a dit le Maître. Voilà tout ce qu'on trouvera, en cherchant bien, chez trois hommes dont l'un a déjà bien tristement disparu, sans qu'un souffle de fraternité ait jamais enflé leurs cœurs.

Si maintenant M. Mendès veut savoir quel effet a produit parmi nous son *factum*, et ce qu'on pense de la légende, de l'apôtre Chilien, qu'on est en train de construire, légende dont il se sert si maladroitement pour nous accabler, il n'a qu'à lire les lettres que nous recevons de divers confrères qui ont vu son héros à l'œuvre. Celui qui a livré à la publicité la lettre que lui a communiquée M. Congrève, dans une intention facile à connaître, ne trouvera pas mauvais qu'on use du même procédé à son égard. Tout cela, dira-t-on, peut-être, n'est point de la dignité du Positivisme, mais n'y a-t-il pas lieu d'arrêter ces débordements d'ambitions malsaines qui ont déjà jeté tant de ridicule sur notre propagande.

1° M. Audiffrent, à Marseille.—...J'ai reçu par les soins de M. C..., la brochure Mendès. Que vous en dirai-je. Elle ne pouvait être que dans la note imprimée à leur action par Lémos et Lagarrigue. Et quelle que soit l'indulgence et la modération qu'il convienne d'apporter dans tout jugement entre confrères attachés à une même œuvre, on ne peut que blâmer une telle publication. Bien habile celui qui y reconnaîtrait un véritable souffle religieux, dans le sens le plus élevé et le plus large du mot. Quel succès pourrait avoir à Paris, la ville la plus sympathique et la plus tolérante du monde, une action aussi sèche et aussi étroite, en dépit des mots qui sont sur les lèvres ou sous la plume. Il conviendra sûrement de rétablir les faits en ce qui concerne J. Lagarrigue, dont on veut grandir par trop démesurément et la personne et l'action parisienne. Mais quant à une réponse directe et détaillée à la brochure en question, est-elle bien nécessaire ? Faut-il entretenir et prolonger de telles discussions ? Nous ferons ce que vous jugerez utile. Mais je ne doute pas, qu'à votre avis et au nôtre, la meilleure réponse soit d'aller de l'avant dans la direction que nous jugeons bonne, en nous efforçant de démontrer par le succès la justesse de nos vues. Aujourd'hui il ne reste plus rien de l'entreprise de M. Lagarrigue.

(A. Audiffrent)

2° M. Audiffrent, à Marseille.—.....Pour en venir à la chose principale, je ne puis considérer la circulaire de M. Mendès que comme l'œuvre d'un ergoteur doublé d'un ......Vous verrez qu'il trouvera dans Auguste Comte un Chapitre des Chapeaux. Ses divagations sur le pouvoir spirituel prouvent qu'il n'a rien compris sur la situation de l'Occident. Quant à son immortel Lagarrigue, vous avez raison de démolir sa légende, certains faits à ma connaissance vous serviront peut-être.. ....

.... Mettant de côté tout ce qui pourrait ressembler à des commérages, je ne vous en citerai qu'un seul, mais qui caractérise bien l'immortel apôtre. Après sa tentative ridicule pour se faire ouvrier, il alla habiter avec son frère et sa belle-sœur, rue Claude-Bernard. Dans cet intérieur il trouvait toute la tranquillité et les soins possibles. Mais cela ne faisait pas l'affaire de son cagotisme. Il réveillait tout le monde à six heures du matin et l'on ne pouvait prendre le café qu'en se déclarant malade, etc. Une pareille vie ne pouvait durer et ils finirent par aller chacun de son côté. Il se mit alors à faire sa cuisine ; vous voyez d'ici ce que cela devait être. Aussi ne tarda-t-il pas à tomber malade. Je suis allé tous les jours prendre de ses nouvelles, m'offrant de le veiller si cela était nécessaire. Mme X... est allée à plusieurs reprises s'informer de sa santé auprès de sa belle-sœur. Malgré cela lorsqu'il a commencé à mieux aller, il est parti pour le Midi, sans même nous adresser un mot. X... a été tellement peiné de ce procédé qu'il lui a supprimé le subside qu'il lui faisait.

Je ne vous parlerai pas de ses cours publics, où il étalait une complète insuffisance. *(Bouché)*

3° M. Audiffrent, Marseille.—J'ai bien ri ici de l'idée grotesque que les Mendès et autres brésiliens se font de votre personne morale. Il faut vraiment ne rien comprendre du tout aux nuances que de vous comparer seulement à ce sombre Lagarrigue. Vous accuser de jalousie ! Mais en l'honneur de quel saint donc ? Il faut être possédé d'une jolie dose de folie malveillante pour se permettre de pareilles fantaisies. Pauvres gens! Au lieu de faire profiter à l'altruisme la place que donne le refoulement des instincts vulgaires, c'est à l'orgueil et à la vanité qu'elle est livrée. Et alors, il arrive, comme avec les sens, qui acquièrent une partie des forces que laisse la suppression de l'un d'eux.

Mais tous les positivistes ne sont pas aveuglés par la passion et la plupart se feront des gorges chaudes à la lecture du burlesque *factum* dont j'ai eu déjà la quintescence. Bref, c'est me semble faire beaucoup trop d'honneur à cette nauséabonde élucubration que d'y répondre seulement. Votre silence sera une bien meilleure réponse. Heureusement que le Positivisme a les reins solides, sans quoi ces Messieurs l'auraient déjà tué à force de ridicule.

Toutefois, il serait temps de démasquer *certain personnage* dont la conduite me paraît si regrettable dans cette affaire. Au moins les brésiliens font les matamores et ne vous l'envoient pas dire, tandis que lui vous frappe par derrière. Comment remettre ce confrère à sa place. Il s'agira de nous entendre pour cela.

Plus je vais, plus je prends en horreur ces soi-disant positivistes qui, ignorant totalement les vraies conditions, subjectives et objectives que réclame l'existence de la nouvelle religion, se mettent à jouer au Positivisme comme les enfants jouent aux soldats, Ces gens-là font plus de mal à l'expansion de la doctrine que de francs adversaires. En tous cas laissez dire, ce serait faire injure à la digne postérité que de croire qu'elle se souciera beaucoup des sottises qu'on a pu débiter contre vous. Elle verra votre œuvre et la comparera à celles des autres, et, n'en doutez pas, la balance tombera de votre côté ! S'il fallait s'embarrasser de ce que

disent les sots, vrai, l'on perdrait la raison, ce qui les ferait
jubiler davantage.

(P. Ritti)

4° **M. Audiffrent, à Marseille.** — ...... Combien a été
clairvoyante votre répulsion pour toute organisation prématurée d'une église positiviste ! Ces tentatives ont surtout été
faites par l'étranger et rien que cela prouve qu'il n'a pas
senti toute la portée de la nouvelle religion. Les étrangers
ont voulu faire de la religion avant que les conditions
extérieures et intérieures fussent assez remplies pour la
rendre vraiment viable. Ces conditions, quoiqu'ils en pen-
sent, ne sont encore près d'être réalisées que par Paris et la
France. S'ils étaient réellement positivistes tous leurs efforts
se porteraient sur l'évolution à faire accomplir à notre pays
pour qu'il puisse atteindre au Positivisme et ainsi servir de
modèle au reste de l'Occident. Mais c'est là un degré
d'abnégation que ne permet pas l'orgueil national qui do-
mine encore chez nos confrères du dehors, ce qui prouve,
entre parenthèses, qu'ils ne sont encore guère imprégnés de
l'esprit véritablement positiviste.

Vous avez entièrement raison de couper à temps les ailes
au lourd canard brésilien. Il ne faut pas oublier que ces
Messieurs sont un peu compatriotes de Basile ; ils ne
seraient sans doute pas fâchés de fournir à vos dépens une
nouvelle confirmation de ce que ce personnage a dit de la
calomnie.

Mais à quoi bon compliquer l'hypothèse pour expliquer
l'attitude des Lémos et autres. Elle provient uniquement du
défaut de cœur. Chez un positiviste, la sécheresse de cœur
est ce qu'on peut imaginer de plus insupportable. Car avec
la connaissance théorique qu'il possède de cette partie cérébrale, sa vanité et son orgueil peuvent se permettre toutes
les licences d'appréciation morale.

Ai-je besoin de vous dire que vous pouvez faire tel usage utile qu'il vous plaira des passages de mes lettres concernant l'odieuse conduite de ces ferrailleurs du Positivisme.